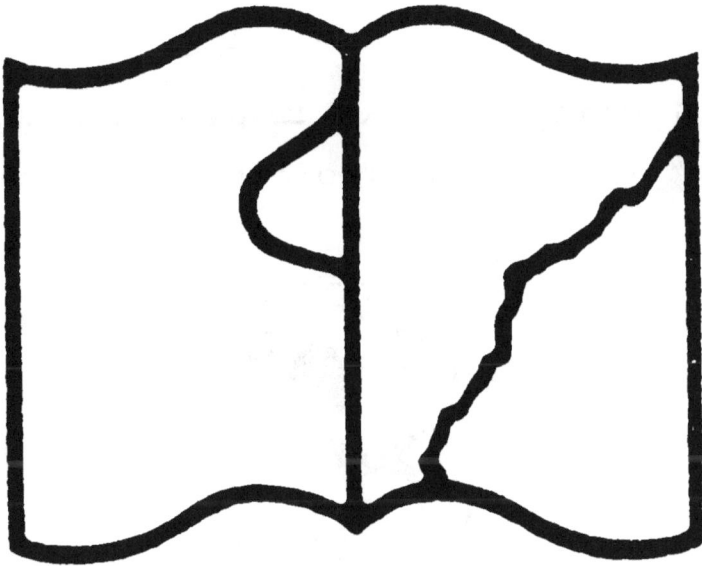

JEAN LAHOR

L'Illusion

TROISIÈME ÉDITION, REVUE ET AUGMENTÉE

**

LA GLOIRE DU NÉANT — HEURES SOMBRES
VERS STOÏCIENS

PARIS

ALPHONSE LEMERRE, ÉDITEUR

23-31, PASSAGE CHOISEUL, 23-31

M DCCC XCIII

L'Illusion

DU MÊME AUTEUR

HISTOIRE DE LA LITTÉRATURE HINDOUE (Charpentier, éditeur)
LE CANTIQUE DES CANTIQUES, traduct. en vers (Lemerre, éditeur)

EN PRÉPARATION

LE LIVRE DU NÉANT. . . . . I vol

(La deuxième édition de l'Illusion a été couronnée par l'Académie Française)

JEAN LAHOR

L'Illusion

TROISIÈME ÉDITION, REVUE ET AUGMENTÉE

**

LA GLOIRE DU NÉANT — HEURES SOMBRES
VERS STOÏCIENS

PARIS

ALPHONSE LEMERRE, ÉDITEUR

23-31, PASSAGE CHOISEUL, 23-31

M DCCC XCIII

LA GLOIRE DU NÉANT

LA FLEUR DU LOTUS

MÉDITE sur la fleur divine du lotus,
      Cette image du monde,
Sur la fleur au cœur blanc, perçant comme Vénus
      La surface de l'onde.

Elle étale sa feuille et son calice pur
      Sur les eaux d'un grand fleuve,
Et s'ouvre tout le jour aux baisers de l'azur,
      Qui de clartés l'abreuve;

Les étoiles du ciel, et la lune qui luit,
      Pâle à travers les palmes,
Répandent sur son cœur, lorsque descend la nuit,
      L'air des régions calmes;

Et tranquille elle dort sur l'abîme béant,
          Ignorante des causes
Qui, pour l'y replonger, l'avaient prise au néant,
          Où rentrent toutes choses.

LE NÉANT DES CHOSES PASSÉES

Oh ! que d'univers engloutis
    Dont nul ne connait les naufrages.
Tous sombrés, tous anéantis
Dans l'abîme effrayant des âges !

Et quelle est la réalité ?...
Est-ce la mort ? Est-ce la vie ?
La vie, et l'immense clarté,
Ou la mort, la nuit infinie ?

... L'Être, serait-ce le Néant,
Qui dans mon vide se reflète,
Et de pourpre et d'or, en créant,
Attife un moment son squelette ?

Dans ce tourbillon éternel
Où sans fin roulent les atomes,
Qu'entrevoyons-nous de réel,
Fantômes parmi des fantômes ?

**

J'apparais une heure et je fuis,
Rentrant dans l'ombre d'où j'arrive :
Vague étincelle entre deux nuits,
Qu'est l'existence fugitive ?

Des milliards d'êtres sont morts :
Et tous ces défilés des races,
Tous ces esprits et tous ces corps
Nulle part n'ont laissé leurs traces !

Qu'est cet étroit monde vivant
Auprès des foules entassées
Des morts, sur qui je vais rêvant
Au néant des choses passées !

Tout mon être tremble ; j'ai peur
De ce noir abîme où je tombe !
Oh ! la nuit sans fond, et l'horreur,
Oh ! le puits béant de la tombe !

Le Caire.

GOUTTE D'EAU SUR UN GOUFFRE

Je suis la goutte d'eau qui roule sur un gouffre;
Montée à la surface, elle y tremble un moment;
Elle y tremble et frémit, elle y jouit et souffre;
En elle, en cet atome est un désir aimant.

Et tout le ciel se mire en moi, l'atome infime,
Qui cherche à pénétrer les secrets du soleil;
Mais sans en rien savoir, je retombe en l'abîme,
Aux vagues profondeurs qu'engourdit le sommeil.

LA CARAVANE DU MONDE

Sans mon assentiment, Allah, tu m'as fait naître,
Et je n'ai pas compris pourquoi j'étais venu,
Ni comment ta magie avait fait apparaître
Un fantôme de plus en ce monde inconnu.

Gouffre mystérieux de ton âme profonde !
En ton sein infini rien n'est petit ni grand ;
Le monde est un atome, et l'atome est un monde.
A ton rêve mon sort est-il indifférent ?

... Et, les yeux étonnés du spectacle des choses,
Parmi leurs visions, chancelant, au hasard,
Je marche, et cherche en vain à deviner les causes
De la halte ici-bas, Allah, et du départ.

LES TÉNÈBRES D'ALLAH

MA pensée est pareille à la coupe de Djem,
   Qui reflétait les cieux et leurs milliers d'étoiles ;
Lampe d'or suspendue, Allah, dans ton harem,
J'ai vu bien des douleurs, en perçant bien des voiles.

Ton àme est l'océan dont je suis le plongeur :
J'ai les yeux éblouis par des perles sans nombre ;
Mais parfois le vertige a saisi le nageur,
Quand des monstres passaient qui l'effleuraient dans l'ombre.

Atome illuminé par un rayon vermeil,
Comment, ô néant vil, ô vil grain de poussière.
Puis-je participer aux secrets du soleil,
Et voir que tant de nuit se mêle à ta lumière ?

AU DÉSERT

La tête d'un vieux scheikh saigne en haut d'une lance :
Au-dessus du désert plane un vautour qui fuit ;
Et morte aussi, la lune au ciel monte en silence,
Souriant à ce mort oublié dans la nuit.

L'ÉPERVIER D'ALLAH

O mon àme, épervier d'Allah, d'un vol altier
Viens et monte, et planant sur l'univers entier,
Embrasse d'un regard toutes les créatures,
Les formes d'autrefois et les formes futures,
Toutes ces visions qui ne durent qu'un jour,
Mais font trembler les cœurs de terreur ou d'amour.
Contemple l'océan des effets et des causes,
Et médite devant ce spectacle des choses.
Comme les flots qu'agite et que pousse le vent,
Vois-tu rouler au loin dans l'infini vivant
Ces générations qui naissent et qui meurent ?
Parmi les bruits confus entends-tu ceux qui pleurent ?
Les entends-tu monter, les rires, les sanglots,
Pareils à la clameur monotone des flots ?
Mortel, as-tu compris que tout n'est qu'apparence,
Et ton orgueil encor garde-t-il l'espérance
De remplir tous les temps futurs de son néant ?
... Pourtant plonge sans peur dans le gouffre béant,

Ainsi que l'épervier plongeant dans la tempête :
Car tout ce rêve une heure a passé dans ta tête ;
Tu fus la goutte d'eau qui reflète les cieux,
Et l'univers entier est entré dans tes yeux :
... Et bénis donc Allah, qui t'a pendant cette heure
Laissé comme un oiseau traverser sa demeure.

REFLETS DIVERS

Sous le ciel du nord, le Néant
Est un large gouffre béant,
Dont l'âme humaine se défie ;
Mais vêtu d'or, comme les cieux,
C'est, en Perse, un roi radieux
Que le poète glorifie.

D'après son horizon, miroir
Tour à tour éclatant ou noir,
Notre pensée ainsi reflète
Le Néant, glorieux et beau,
Ou hideux, et tel qu'au tombeau
Son apparence de squelette.

LA REINE DE SABA

La Reine de Saba, bercée
En son hamac d'or par un noir,
Dans le harem de ma pensée
Habite et gouverne ce soir.

Sur sa robe sacerdotale
Ses grands cheveux lourds sont épars ;
L'immense nuit orientale
Semble rouler dans ses regards.

Les diamants, les pierreries
Des anciens trésors fabuleux,
Parures de ses mains fleuries,
Jettent moins d'éclairs que ses yeux.

Silencieuse elle se lève,
Elle découvre ses seins blancs,
Et, comme plongée en un rêve,
Vers mes désirs vient à pas lents.

Je commande : son haïck tombe :
Mon âme a l'éblouissement
De ceux qui sortent de la tombe
A l'appel d'Allah, leur amant.

Ses cheveux blonds lui font un voile
D'or et de moire ; et dans les cieux
Alors s'écoule d'une étoile
Un chant d'amour mystérieux.

Elle écoute : tout son corps tremble
Sous la caresse et la langueur
De ce chant de flûte qui semble
Le lointain soupir de mon cœur :

Et prenant ses voiles de soie,
Dans leur frisson s'enveloppant,
Soudain elle dresse et déploie
Son long corps, comme un beau serpent.

Ses petits pieds et sa démarche
Ont pris un rythme cadencé,
Et comme David devant l'arche,
Pendant une heure elle a dansé !

Et moi sur elle, comme un mage,
Je tenais mes yeux grands ouverts,
Comprenant qu'elle était l'image
De tout ce fantasque univers,

De tout ce monde transitoire
Dont Dieu, pour charmer ses ennuis,
Fait une heure éclater la gloire
Dans la profondeur de ses nuits !

ALLAH PARLE AU POÈTE

DE votre âme j'ai fait le miroir de mes cieux ;
J'ai fait se refléter l'infini dans vos yeux ;
Poète, qui reçus la parole féconde,
Tu dormais en mon sein, quand j'ai créé le monde :
Le rythme, qui régit ta pensée et tes vers,
Tu l'entendis en moi quand naquit l'univers...
Qu'importe si pour vous l'illusion fut brève :
Dans vos yeux fugitifs j'ai fait flotter mon rêve !
Créatures d'un jour en mon éternité,
Vous tous, qui partagez mon songe illimité,
J'aime et rêve sans fin, sans fin je brûle et j'aime :
Aimez donc, et rêvez, brûlez comme moi-même !...
Chacun de vous peut dire, ô rayons dispersés :
J'étais le Créateur dans les siècles passés !...
Car du grand Tout vivant vous êtes les parcelles ;
De mon ardent foyer, en torrents d'étincelles,
Jaillissez, et brillez une heure, âmes de feu,
Puis rentrez dans mon sein, et redevenez Dieu !
O Poète, comprends le mystère des choses,
Que la vie et la mort sont les métamorphoses

De l'Être qui ne peut commencer ni finir;
Que je suis le Présent, le Passé, l'Avenir,
L'Océan éternel d'où tout astre s'élève;
Que vous et moi nous avons fait le même rêve !
Poète, au souvenir de mes créations,
Fais dans ton âme aussi fleurir des visions;
... Ou sois l'aigle éperdu, qui monte des abîmes;
Monte d'un grand coup d'aile, atteins les cieux sublimes
Plane dans l'azur clair, dans l'orage et le vent,
Embrasse l'infini de mon rêve mouvant,
Regarde fixement mon âme, et sur la terre,
Ébloui, palpitant, les yeux fous de mystère,
Quand tu redescendras, ô Poète inspiré,
Chante mes passions et mon néant sacré;
Dis-leur ce que tu vis en contemplant mon gouffre;
Dis-leur que je jouis, brûle, rêve, aime et souffre;
Chante alors ma lumière, et chante aussi ma nuit,
Mes deux faces dont l'une est sombre et l'autre luit;
Révèle ma splendeur et ma misère antiques;
Mêle l'horrible au beau dans tes hymnes mystiques;
En ton âme, miroir de mes éternités,
Que l'ombre ainsi se mêle à d'immenses clartés;
Et sois fier et sois ivre, ô fantôme, ô poussière,
De pouvoir adorer, à la vague lumière
Dont mon gouffre pour toi s'illumine un instant,
L'illusoire splendeur de l'éternel Néant.

LE NÉANT DE MAHMOUD

UNE tête est plantée en haut d'une muraille;
  Un vieux corbeau se tient près d'elle qui la raille :
« Soleil resplendissant, Mahmoud, où donc es-tu?
J'ai crevé tes deux yeux; ton trône est abattu;
Des mouches ont raison de ta toute-puissance.
Saurais-tu distinguer ta mort de ta naissance?
Où sont-ils tes trésors, tes harems, tes palais,
Tout ce peuple à genoux, alors que tu parlais,
Tes cavaliers chargeant dans le bruit des timbales,
Qui mêlaient leur tonnerre au sifflement des balles,
Et leurs lances, tremblant comme des champs d'épis?
Vois cette plaine immense : elle semble un tapis,
Tout fleuri par le sang qu'ont versé tes armées.
Où sont sur les chameaux ces litières fermées,
D'où tombaient des regards beaux comme des éclairs?
Où sont tes étendards déroulés dans les airs?
Pour ta tête veux-tu l'éventail de mon aile?
Quand des plumes de paon se balançaient sur elle,
Quand lascives, les seins dressés, les yeux vers toi,
Tes esclaves dansaient, oh! qui songeait à moi,

Et me voyait au loin sortir du désert sombre
A l'appel de la Mort, qui te guettait dans l'ombre ?
Ce soir je volerai sur tes blancs escaliers,
Dans la salle où rôdaient tes lions familiers,
Et mon chant remplira, si dédaigné naguère,
La cour où rugissaient tes éléphants de guerre.
— De nous deux aujourd'hui, quel est donc le plus fort
Du vieux corbeau vivant ou du grand sultan mort ? »

A KALI

DÉESSE de la mort, reine des voluptés,
    Ame des nuits d'amour, âme des nuits sanglantes,
Déesse au corps livide, aux regards redoutés
Comme l'âcre poison des serpents ou des plantes;

Et partout et toujours présente, dans l'horreur
Des combats, ou le vol terrible des tempêtes,
Et dans les océans fouettés par ta fureur,
Ou hurlante le soir par la gueule des bêtes;

O Déesse hideuse, et si douce parfois,
Qui masquant ta laideur, pour mieux tromper les âmes.
Nous attires, fleur tendre ou source dans les bois,
Et qui revêts souvent l'apparence des femmes;

Déesse ténébreuse, ou splendide, et qui luis
Comme la lune d'or, reine des épouvantes,
O musique, ô parfum et délices des nuits,
Beau serpent enlaceur, aux caresses savantes;

Déesse aux yeux glacés, tu dédaignes nos pleurs,
Et de ces morts bleuis par tes baisers farouches,
Méprisante, tu fais du fumier pour les fleurs,
Ou d'opulents festins pour les vers et les mouches!

A SIVA

Brahma les créa, Vishnou les sauva,
Mais dévorateur, beau comme une femme,
Epoux de Kali, dieu fort, ô Siva,
Tu seras le fer, le poison, la flamme !

Les hommes, les Dieux te tendront les bras ;
Tu les tueras tous, toi, l'irrésistible ;
Et, seul survivant, tu les couvriras
De ton long regard devenu paisible !

Cent mille Brahmas, cent mille Vishnous
Seront déjà morts, quand au soir du monde
Tu te tiendras seul, du sang aux genoux,
Debout dans le vide et la nuit profonde !

Tu te dresseras, ayant par milliers
Les crânes des dieux pendus à ta taille
Et sur ton corps bleu tombant en colliers,
Et comme un roi noir, après la bataille,

Qui rit, danse et chante au milieu des morts,
Au son d'un tambour, toi, le redoutable,
Sur un rythme lent balançant ton corps,
Tu soupireras un chant ineffable,

Un doux chant d'amour, vague, sans pareil,
Plus doux qu'autrefois le souffle des femmes,
Afin de charmer l'éternel sommeil
Où seront plongés les corps et les âmes !

LA PASSION DE SIVA

> Siva, Dieu de la mort, est beau comme une femme.
>
> *Poèmes Hindous.)*

Siva survivra seul un soir à tous les Dieux :
  Leurs têtes ce soir-là pareront sa poitrine,
Et la paix du néant souriant dans ses yeux,
Siva se chantera sa passion divine :

« J'étais, aux temps passés, l'âme de l'univers,
J'étais le jour, j'étais la nuit, j'étais l'aurore,
J'étais le printemps clair, les étés, les hivers,
L'immense vie ardente, et l'Amour qui dévore.

« Illusoire splendeur, j'habitais mon palais,
Ainsi que l'araignée au centre de ses toiles :
Les âmes tour à tour tombaient dans mes filets,
Et j'ai fait dans mon sein s'éteindre les étoiles.

« Oh ! les morts, dormez donc et rêvez dans ma nuit,
En attendant qu'un jour je vous fasse renaître,
Si j'ai besoin encor de lumière et de bruit,
Pour de nouveau combler l'abîme de mon être ;

« Car l'abîme est profond et mon cœur plein d'ennui,
Et seul dans l'infini, debout, sombre, livide,
Je pense qu'autrefois mon sein comme aujourd'hui
Portait le ciel entier et restait toujours vide. »

TERREUR DU BEAU

CALME à l'égal des fleurs ou d'un jeune animal,
Autour de toi tu sais répandre indifférente
La joie ou la douleur, et le bien ou le mal,
Et rien ne t'attendrit et rien ne t'épouvante.

Je rêvais un néant splendide : il est en toi ;
La candeur de tes yeux d'archange est un mensonge ;
Je t'adore pourtant, sans raisonner ma foi,
Lorsque tu m'éblouis de ta beauté de songe.

Je t'adore pourtant, et ne redoute rien,
Te venant contempler, ainsi qu'une statue
Dont le corps serait froid et beau comme le tien.
Mon âme n'a plus peur qu'un amour ne la tue.

Mais mon esprit encore a soif de la beauté ;
Plus que jamais je sens m'attirer son mystère ;
En vain je la veux fuir : toujours je suis tenté
Par le Sphinx aux yeux durs qui fait saigner la terre.

Je viens donc t'adorer, et ne viens pas t'aimer :
Je veux auprès de toi me sevrer de caresses ;
Les choses dès longtemps ont su m'accoutumer
Au froid rayonnement de clartés sans tendresses.

Ouvre-moi largement tes yeux qui me sont chers,
Idole dont la forme est si rare et sublime,
Qu'oubliant la banale étreinte de nos chairs,
Je sens de toi monter un vertige d'abîme.

J'interroge en ton corps d'un rythme sans défauts
Le mystère effrayant de la beauté parfaite,
Et peu m'importe alors que tes regards soient faux,
Quand de telles clartés rayonnent de ta tête.

Image aux traits si purs du mensonge divin,
Forme noble et sans tache et de splendeur vêtue,
Rappelant que la vie, où tout m'apparaît vain,
Pourrait n'être, elle aussi, qu'un songe qui nous tue,

Si tu vois par instants des larmes dans mes yeux,
Ne les crois pas venir de mon âme blessée ;
J'ai parfois cette angoisse en contemplant les cieux,
Quand j'y cherche de même un semblant de pensée.

Le secret éternel que recèle le beau,
C'est lui qui me tourmente en eux comme en toi-même
La beauté m'épouvante à l'égal du tombeau,
Tant j'ai vu de néant sous sa splendeur suprême.

Et c'est pourquoi devant ton corps tranquille et nu.
Devant son rythme pur et son éclat sans voiles,
Je tremble, comme aussi devant tout l'inconnu
Du ciel nocturne avec sa poussière d'étoiles.

FANTOMES

Vous toutes que j'aimai, vous que je crus aimer.
  Vous qu'en voyant passer j'adorais en silence.
Vous dont le regard pur ne savait que charmer,
Ou, brûlant, me perçait ainsi qu'un fer de lance,

Je n'aurai plus bientôt qu'un souvenir confus
De votre clair passage en mes yeux et mon âme ;
Vos sourires enfuis, je ne les verrai plus,
Ni vos mortes douceurs que le néant réclame.

Chers fantômes, pour moi qu'aurez-vous donc été ?
Pourquoi ce besoin fou de clartés aussi vaines,
Et quand tous mes désirs buvaient votre beauté,
Que cherchaient-ils plus loin que vos lèvres humaines ?

Que vouliez-vous, mes grands désirs inapaisés ?
Pourquoi du mal d'aimer l'adorable souffrance ?
Et ces corps fugitifs, que mordaient mes baisers,
De quel beau plus réel m'étaient-ils l'apparence ?

Ne rêve pas ainsi, mon âme : bénis-les,
Ces fantômes légers qu'arrêtaient tes caresses,
Pour avoir su tromper la soif dont tu brûlais,
Et tes espoirs toujours d'apaisantes tendresses.

O visions, à qui je parlais à genoux,
Puisqu'un vide est dans tout, et d'abord en moi-même,
Je pardonne à celui qui se cachait en vous,
Et, des pleurs dans les yeux, me souviens et vous aime !

JEUX D'ATOMES

AVEC sa cime d'or splendide un grand nuage
        Croulait dans les flammes du soir,
Et sur les flots au loin les éclairs d'un orage
        Faisaient palpiter le ciel noir.

Je regardais voler ces poussières d'écume
        Que fouette et disperse le vent,
Et le long de la mer s'élever cette brume,
        Et flotter ce brouillard mouvant.

Je foulais en marchant les collines de sable
        Que l'ouragan crée ou détruit,
Et pensais qu'en ce monde est ainsi périssable
        La couleur, la forme ou le bruit;

Et tandis que mes yeux contemplaient ces fantômes
        Revêtant mille aspects divers,
Mon esprit méditait sur tous ces jeux d'atomes
        Dont est composé l'univers.

Vous pouvez donc répondre à ceux qui vous dédaignent
      Et vous appellent des songeurs,
Poètes, que ces soirs qui flambent et qui saignent,
      Ces crépuscules, ces rougeurs,

Et cette mer qui hurle et pousse sur la dune
      Son troupeau de flots écumants,
Ces plages, où la nuit erreront sous la lune
      Pâles, éblouis, des amants,

Toute cette magie enfin, et ces cieux mêmes,
      Ces bruits, ces clartés, ces rayons,
Tout n'est rien qu'apparence et, comme en vos poèmes,
      Qu'un défilé de visions;

Et qu'en nos yeux mortels ce spectacle qui passe
      Et reflète sa vanité,
Est le néant d'un rêve illuminant l'espace,
      Comme un éclair des nuits d'été!

COUCHER DE SOLEIL

En éblouissante traînée
L'or du couchant tremblait sur l'eau;
La mer était illuminée;
Le soir était tranquille et beau.

Le vent suspendait son haleine.
Sans parler je tenais ta main;
J'étouffais, la poitrine pleine,
Comme d'un bonheur surhumain.

Seuls devant l'Océan immense
Et le crépuscule vermeil,
Nous écoutâmes le silence
Qui suit le coucher du soleil.

La nuit s'étendit sur le monde
Avec son calme solennel;
Et la paix était si profonde
Sur les flots, en nous, dans le ciel!

Alors la rayonnante opale,
La lune sur nos yeux aimants
Du haut de la grande nuit pâle
Répandit ses enchantements,

... Et je pensais : « Tout n'est qu'un songe,
Ce crépuscule glorieux,
Les cieux où mon rêve se plonge,
Nos amours même sous les cieux.

« Mais du moins notre rêverie
Aura pu, comme un beau miroir,
Refléter l'étrange féerie
Des mondes radieux un soir ;

« Nous aurons, prenant conscience
De ces visions un moment,
Contemplé la magnificence
Dont se revêt tout ce néant,

« Et de nos larges yeux avides
Nous rassasiant de couleurs,
Nous aurons à ces splendeurs vides
Mêlé notre extase et nos pleurs ! »

LARMES EN SONGE*

Tout ceci n'est qu'un rêve :
   Ta beauté sera brève,
Ton corps se flétrira,
Ta chair douce mourra ;
Tout ceci n'est qu'un rêve.

Chaque forme qui passe
Va se perdre en l'espace :
Et j'adore à genoux
Le fantôme si doux
De ta forme qui passe.

Je t'adore et je pleure :
Elle est si courte l'heure
Où ma lèvre et ton front
Tous les deux goûteront
L'extase dont je pleure,

Dont je pleure et je tremble :
Nos cœurs s'étaient ensemble
Pour cet instant béni
Trouvés par l'infini ;
Et je t'adore et tremble. —

Car ceci n'est qu'un rêve :
Ta beauté sera brève ;
Ton corps se flétrira ;
Ta chair douce mourra.
Tout ceci n'est qu'un rêve !

NEVER MORE

Le jour viendra bientôt où je clorai mes yeux
    Au spectacle étrange des choses ;
Je ne les verrai plus, les soirs délicieux,
    Ni les matins aux lueurs roses ;

Ni, plus doux que le soir ou que le frais matin,
    Plus nacré que la jeune aurore,
Ton corps miraculeux, perle, nacre, satin,
    Ta beauté qu'éperdu j'adore ;

Ce large paysage empourpré des couchants
    Qui nous éblouissait ensemble,
Je ne le verrai plus, tout ému par tes chants
    Ou l'amour de ta voix qui tremble ;

Je ne jouirai plus de vous, oh ! plus jamais,
    Vous par qui l'âme se délivre,
Accords, lignes, couleurs et splendeurs que j'aimais,
    Qui faites le charme de vivre !

out ce grand rêve errant, le monde aura passé
     Avec son reflet en moi-même;
ais toi, la fleur du rêve, et qui l'as condensé,
     Oh! fleuris longtemps pour que j'aime!

LA MORT DU SOLEIL

I had a dream, which was not all a dream.

(*Byron.*)

LES tsiganes jouaient un air
    Sombre, plaintif et monotone,
Pareil aux clameurs de la mer,
Sous les crépuscules d'automne.

Les violons, comme des flots
De tumultueuses pensées,
Semblaient jeter tous les sanglots
Des générations passées.

Dans cet océan de douleurs,
Dans cette mer plaintive et sombre,
Moi-même aussi, versant des pleurs,
J'étais comme un noyé qui sombre :

Et tout au loin à l'horizon,
Par delà les vagues funèbres,
Par delà l'immense prison
Où je sombrais dans les ténèbres,

Le soleil palpitait sanglant,
Et dans une angoisse infinie,
Répandait sur mon cœur tremblant
La pourpre de son agonie.

Dans mes yeux béants l'avenir
Roulait déjà sa nuit profonde,
Et le monde allait donc finir
Avec mes yeux, miroirs du monde !

Le soleil, comme un Christ en croix,
Perdait son sang, perdait son âme,
Et beau pour la dernière fois
S'ensevelissait dans sa flamme.

Et, mes yeux dans ses yeux de feu,
Je mourus : et l'astre splendide,
Hélas ! c'était le dernier Dieu,
Entrant avec moi dans le vide !...

Et les violons sanglotant
Chantèrent les douceurs, les gloires,
Et la chute dans le néant
De ces visions illusoires !

LE NUAGE

Tout naît en toi, tout meurt, tout roule et rentre en toi,
Océan éternel aux larges eaux profondes.
O père d'où je sors, Océan, reprends-moi ;
Donne à mon cœur errant le repos dans tes ondes.

Le souffle de la Mort et celui de l'Amour
Agitent le remous des effets et des causes ;
Et de ces flots confus j'ai dû surgir un jour,
Rêve, j'ai dû flotter dans le rêve des choses.

Un jour, hors de ton sein obscur je suis monté ;
Devant moi s'est ouvert l'infini de l'espace,
Et les vents au hasard m'ont poussé, m'ont porté :
Car notre âme est pareille au nuage qui passe.

Le nuage a longtemps erré par l'univers ;
A toute heure changeait sa bizarre fortune ;
Tantôt il traversait l'ouragan des hivers,
Tantôt il se baignait en de grands clairs de lune.

O père, de splendeurs un moment ébloui,
J'ai béni ma naissance et je t'ai rendu grâce.
Quand en toi se perdra mon cœur, las aujourd'hui,
De toutes ces splendeurs où survivra la trace?

Que reste-t-il aux cieux du nuage mouvant?
Notre vie éphémère, en sa vague apparence,
Est le jouet aussi des caprices du vent;
Rien ne dure, sinon l'impassible Substance.

J'ai connu les hivers, les printemps, les étés;
J'aspire maintenant au calme dans ton être;
J'ai vu de longs jours d'or, et d'immenses clartés;
Cependant, je n'ai peur que de pouvoir renaître.

Père, engloutis-moi donc, sois donc bien mon tombeau;
Et, si je participe à ta vie éternelle,
Que ce soit sans penser, tel que la goutte d'eau
Que la mer porte et berce inconsciente en elle.

Je ne jouirai plus, mais ne souffrirai pas;
J'ai ri, pleuré, souffert, j'ai vécu : fais-moi trève;
Je veux le vrai néant et l'absolu trépas,
Et le sommeil sans fin, que ne trouble aucun rêve.

O mon âme, éteins-toi, lumière d'un moment!
Ta folle soif d'errer et d'être est assouvie;
Ne redoute la mort que si la mort nous ment,
Et nous trompe et nous leurre à l'égal de la vie.

Père, anéantis-moi : j'ai vécu ; c'est assez.
Tu ne m'entendras pas pousser de cris funèbres ;
En ton abîme, avec tous les siècles passés,
Fais-moi descendre au plus profond de tes ténèbres !

L'ILLUMINATION DES ALPES

LES Alpes aux seins blancs se dressent dans l'air bleu;
L'ardent Soleil les mord de ses lèvres de feu;
L'amant divin est près de quitter ses maîtresses,
Et pour suprême adieu, pour dernières caresses,
Sur leurs beaux corps neigeux par son âme embrasés,
En un large incendie il répand ses baisers.
L'illumination immense de sa joie
Roule sur l'océan des cimes qui flamboie;
Et tout rougit, tout brûle, et le Soleil descend
Dans la gloire de l'or, de la pourpre et du sang.
Tandis qu'une ombre froide envahit les abîmes,
Cette pourpre s'attarde et fleurit sur les cimes.
Puis le couchant s'éteint; plus un sommet ne luit;
Un crépuscule vert précède encor la nuit.
Silencieuse et morne, ainsi qu'un temple vide,
Chaque cime présente une face livide,
Pâle de la pâleur d'un cadavre glacé;
Et tout ce fol éclat s'est soudain effacé.
— O symbole entrevu, devant ces Alpes roses,
Des trompeuses clartés que revêtent les choses!

Ces pourpres, ces éclairs embrasant les sommets
Transfiguraient aussi mon âme, quand j'aimais !
Je la sais aujourd'hui, la fantasmagorie
De ce vain monde avec ses heures de féerie ;
Et cependant je suis heureux d'avoir été
L'éphémère témoin de sa vague beauté,
Et d'avoir, concient de l'infini mensonge,
Parfois tremblé d'amour, attendri par le songe.

LE RÊVE DE LA VIE

J'ai vécu, j'ai rêvé : n'aurai-je fait qu'un rêve ?
  La douleur et la lutte, et mon labeur humain,
Et la joie, et l'ivresse, ou la gaité si brève,
Tout ne fut-il pour moi, mortel, qu'un songe vain ?

J'ai vécu, j'ai rêvé, j'ai connu le mensonge,
Le mensonge d'aimer et de me croire aimé,
Et ces baisers, ces pleurs, tout n'était-il qu'un songe,
Ainsi que la douceur des yeux qui m'ont charmé ?

Rêve, j'aurai passé dans le rêve des choses,
Et leur féerie étrange, et la terre et le ciel
A mes yeux morts, scellés sous leurs paupières closes,
N'auront-ils, en fuyant, rien laissé de réel ?

L'universel Néant s'est miré dans mon être ;
J'ai passé, j'ai rêvé, tourmenté comme lui ;
Rien n'est-il vrai que l'ombre où je vais disparaître
Avec le souvenir des clartés qui m'ont lui ?

Pourtant soyez bénis, illusions d'une heure,
O songes fugitifs, mirages d'un moment,
Terre qui nous portais, ô troublante demeure,
Où l'homme endort parfois sa misère en aimant,

Où dans les jardins clairs qu'alanguissent les plantes,
Sous les enchantements de la lune d'été,
Nos âmes se fondaient sur nos bouches brûlantes,
Echangeant des serments d'amour illimité !

J'ai vécu, j'ai rêvé; n'aurai-je fait qu'un rêve,
Quant je tenais *sa* forme éphémère en mes bras ?
Et du rêve, ô mon âme, en la mort qui l'achève,
Que demeurera-t-il, quand tu disparaîtras ?

L'ENCHANTEMENT DE SIVA

Sous le figuier sacré, Siva, le Solitaire,
Méditait, accroupi sur des peaux de panthère,
Les yeux de la couleur d'un fer rouge, effrayant,
Sans souffle, nu, sordide, et tel qu'un mendiant.
Et les Dieux redoutaient le formidable Ascète,
Qui des éclairs soudains jaillissant de sa tête
Pouvait anéantir tout ce vague univers.
Et devant ses regards, les étés, les hivers,
Et les siècles passaient, ainsi que des fantômes,
Ou que vains et sans but des tourbillons d'atomes.

Donc les grands Dieux craignaient d'être tués un jour
Par ce Dieu de la mort, qui méprisait l'amour,
Et demeurait très chaste, ayant vu le mensonge
De l'éternel désir, dont l'objet n'est qu'un songe,
Mais qui goûtait la paix ineffable des morts,
Et n'ayant rien créé, n'avait pas de remords.

Les Dieux, ayant pensé que pour troubler une âme
Il suffisait des yeux ou d'un souffle de femme,

Afin d'illuminer et peut-être émouvoir,
Comme la Lune aimante émeut l'Océan noir,
Cet immuable esprit, ce gouffre de ténèbres,
Cet ami des bûchers et des choses funèbres,
Créèrent, en prenant aux astres leur clarté,
Un être féminin d'éclatante beauté ;
Et quand cette Apsara, dans son lever d'étoile,
Apparut nue, avec ses longs cheveux pour voile,
Les Dieux mêmes, devant ce corps éblouissant,
Connurent le désir qui fait brûler le sang.

Et la Maya lui dit : « De tes attraits ravie,
Que l'âme de Siva, par qui meurt toute vie,
Soit troublée et vaincue, et les Dieux te feront
Siéger au milieu d'eux, une tiare au front.
Avec ton rire d'or descends donc sur la terre,
Et, très belle, séduis le divin Solitaire. »

Mais la Vierge hésita, quand elle lui dit : « Va, »
Epouvantée aussi par ce nom de Siva.
La Maya, la voyant morne et d'effroi glacée,
Comme une aube d'hiver par la pluie effacée,
En ce corps rayonnant de sa virginité
Mit l'âme de la femme avec sa vanité.
Tout armée et parée, alors se sentant prête,
Sereine, l'Apsara chercha l'anachorète.

Elle allait au travers d'une immense forêt,
Parmi la pourpre et l'or d'un soir qui se mourait,
Quand elle vit l'Ascète, au fond de la clairière,

Dans l'immobilité d'un yougîn en prière;
Et le rouge soleil, très bas, disparaissant,
Sur sa tête posait un grand nimbe de sang.
Il la terrifia par sa face plus pâle
Que celle d'un mourant qui s'éteint et qui râle,
Et l'Apsara se tint longtemps sur un rocher,
Debout, le contemplant, ne l'osant approcher.
Ses yeux bleus dilatés par la peur de cet Être,
Sombre abîme où jamais la pitié ne pénètre,
Et dont l'âme, perdue en l'horreur du néant,
La semblait attirer vers son gouffre béant.

Or voici qu'argentant les feuilles et la mousse,
Blanchissant la forêt, une lumière douce
S'exhala d'elle, avec la tendresse d'un chant,
Tandis que s'éteignait la rougeur du couchant;
Et comme dans les bois quand le matin les dore,
Les oiseaux affolés par cette étrange aurore,
Les oiseaux qui déjà tous regagnaient leurs nids,
Emplirent les rameaux de leurs cris infinis...
Et la Vierge avança, de splendeur revêtue;
Puis sans un mouvement, ainsi qu'une statue,
Resta devant Siva, qui ne la voyait pas.
Murmurant un salut, elle fit quelques pas;
Mais l'Être, en qui jamais un désir ne s'élève,
Ouvrait au loin ses yeux aveuglés par leur rêve...

Tel qu'un serpent qui dort, l'Ascète lentement,
Sentant autour de lui ce pâle enchantement,
S'éveilla. La forêt entière fit silence :

Car d'un regard terrible, aigu comme une lance,
Siva fixait ainsi cette apparition...

Il vit encore à lui venir la vision...
Elle le contemplait, et n'était plus tremblante,
Mais le bravait farouche, et tout étincelante,
Ainsi que dans l'azur l'un des palais des Dieux,
Aux yeux du Solitaire elle plongeait ses yeux.
Elle était là, dressant son jeune corps robuste;
Sous des gazes d'argent pointaient durs sur le buste
Ses deux seins qu'enfermaient leurs étuis de santal;
Ses colliers, sa ceinture étaient faits d'un métal
Sombre et lourd, où flambait un ciel de pierreries;
De topazes ses mains d'enfant étaient fleuries;
Et ses jambes, ses pieds, et le bas de ses flancs,
D'une lueur d'éclairs perçaient, tendres et blancs,
La frissonnante nuit, la nuit de mousseline
De sa jupe très noire, et si légère et fine
Qu'un amant l'aurait pu soulever d'un soupir.
Ses orteils s'étoilaient de bagues de saphir.
Et comme elle cambrait, si souple, sa stature,
Entre les petits seins bombés et la ceinture,
Ses chairs de lys avec leur pulpe de satin
Apparaissaient, ainsi que blanchit au matin
Sur la terre endormie et ténébreuse encore,
Souriante et nacrée, une bande d'aurore.
Large nappe d'or pur et de cuivre fondus,
Ses cheveux ruisselaient jusqu'à terre épandus,
Et, fleur plus belle enfin que ne l'était la tige,
Sa tête à tout mortel eût donné le vertige.

Siva la regardait, cherchant à concevoir
Ce qu'était ce prodige éclairant le ciel noir.
— Et le funèbre Dieu comprit que la Nature
Dans tout cet être avait miré son imposture :
Cette chair rose et blanche avait pris ses couleurs
A l'apparent éclat des nacres et des fleurs ;
Son regard bleu semblait condenser la lumière ;
Et ses cheveux, c'était la forêt printanière,
Et dans sa voix coulaient le murmure des eaux,
Et tous les gazouillis, tous les chants des oiseaux.

Elle pâlit soudain d'une pâleur lunaire,
Lorsque Siva, debout, de la voix du tonnerre,
Lui cria, formidable, et levant une main :
— « O mensonge, va-t'en ; c'est là-bas ton chemin,
Ou prends garde à ces yeux dont le regard foudroie... »

— « Pourquoi refuses-tu de goûter à ma joie ?
Lui dit-elle. Mes bras te voudraient enfermer.
Ne me repousse pas ; va, tu me peux aimer :
Je suis terrible aussi, je fais souffrir et tue ;
L'âme des grands héros à mes pieds abattue
Râle et meurt, en pleurant vers l'aube de mes seins ;
J'ai su troubler les Dieux, j'épouvante les saints ;
Mon mystère est obscur non moins que ton mystère ;
Cruelle autant que toi, j'ensanglante la terre...
Ton santal est, dit-on, la cendre des bûchers ;
Moi, j'ai la cendre aussi des cœurs que j'ai séchés,
Des âmes que mes feux consument tout entières,

Et je règne avec toi sur les froids cimetières... »

Il lui redit : « Va-t'en... » Mais le Dieu cette fois
Fit son regard moins dur et moins sombre sa voix.
Et lente, à reculons, sans dire une parole,
La Vierge, s'entourant d'une blanche auréole,
Les yeux toujours vers lui, rentra dans la forêt.

Un vent chaud dans la nuit passa, qui soupirait...
Et Siva dans sa chair sentit une morsure,
La flèche vénéneuse ayant fait sa blessure...

Elle disparaissait, et ses grands cheveux clairs
Mêlaient, phosphorescents, leur lueur aux éclairs...
Et Siva se voulut replonger dans ses rêves.
Mais des oiseaux jetaient au loin des notes brèves,
Ainsi que des soupirs entrecoupés d'amant,
Et toute la forêt frémissait doucement;
Sous l'incantation des étoiles tremblantes,
Languissamment s'ouvraient des corolles de plantes,
Et ce lourd vent d'amour, propice à leurs hymens,
Sur leur cœur dispersait l'averse des pollens...

Et Siva, les yeux fous et brûlants d'un feu sombre,
Poursuivit cette femme, et s'enfonça dans l'ombre.

Il courait, il volait, mais plus rapide encor,
Là-bas, elle fuyait, ainsi qu'un éclair d'or.
Il rampa sous les bois, se rua par les jongles,
Il déchirait ses mains et s'arrachait les ongles;

Il faisait se lever des troupeaux d'éléphants;
Féroce, il écrasait la biche avec ses faons;
Il entrait dans la vase où grouillent les reptiles.
Il se heurtait au dos squameux des crocodiles.
Et les lions tapis sous les fourrés profonds
Tremblaient comme en ces nuits où hurlent les typhons...
Légère, elle glissait, pareille à l'hirondelle;
Et Siva, qui par bonds s'était rapproché d'elle,
En un rayonnement par la fuite exalté,
Un instant put revoir sa sublime beauté;
Et l'Apsara, cachée à demi par un arbre,
L'attendit, lui montrant un sourire de marbre;
Et vive, et de nouveau sous le bois se perdant,
S'éteignit, puis brilla, telle en ce vol ardent
Qu'une étoile emportée au fond des nuits d'orage,
Et que tour à tour couvre et découvre un nuage.

Bleuissant la forêt, la lune se leva.
La Vierge brusquement disparut; et Siva
S'arrêta tout à coup, surpris d'un appel tendre...
C'étaient des voix d'oiseaux qui se faisaient entendre.
En tout il retrouvait, voyait, halluciné,
Celle par qui l'espace était illuminé.
Quand la lune monta, dans ce pâle incendie
Il avait cru revoir sa lumière agrandie;
Tous les astres du ciel lui rappelaient ses yeux,
Les torrents, les flots lourds de ses cheveux soyeux;
A des troncs s'enroulant les reptiles eux-mêmes
Faisaient rêver sa chair aux étreintes suprêmes,
Et des serpents unis qui broyaient les roseaux,

A ces embrassements dont craquent tous les os.
Le vent soufflait du Sud : sous sa chaude caresse
Les fleurs qu'il fécondait frissonnaient de tendresse ;
Et tout râla d'amour ; et les grands cerfs bramaient ;
Dans l'ombre miaulaient des tigres qui s'aimaient ;
Et pesants, et passant comme l'ouragan passe,
Des éléphants en rut se perdaient dans l'espace.
Et de nouveau Siva, terrifiant, hagard,
Se jeta dans la nuit qu'il fouillait du regard !

Grondant et chaud, ainsi qu'une haleine de forge,
Son souffle lui brûlait et desséchait la gorge ;
Alors il voulut boire, et comme il approchait
D'une source, il la vit, Elle, qui se penchait,
Lissant ses cheveux blonds emmêlés par la course,
Devant le miroir clair que formait cette source.
Le matin blanchissait : dans les moires de l'eau
L'aurore se mêlait aux reflets de sa peau ;
Et cette eau l'attirant, la Vierge se mit nue.
Siva, caché, goûtait une extase inconnue,
Désaltérant ses yeux à cette nudité,
Et jaloux de ce flot qui léchait sa beauté.
De ses petites mains accrochant une branche,
Elle se balança, merveilleusement blanche ;
Puis cessant de troubler le miroir du bassin,
Dans l'onde transparente elle entra jusqu'au sein.
Et les fleurs de sa gorge, avec leur pointe rose,
Y semblaient des lotus où l'abeille se pose.

Avec un cri d'oiseau qui découvre un serpent,

Elle aperçut Siva sous les herbes rampant,
Et pareille à l'étoile au sortir de la nue,
Hors de l'eau, radieuse, elle s'élança nue.
Et le Dévorateur, qui l'avait cru saisir,
Flagellé plus encor par le fouet du désir,
En hâte des deux mains mit de l'eau sur sa bouche.
Et déchiré, saignant, se redressa farouche,
Laissant l'herbe brûlée où son œil avait lui;
Et la course reprit ardente entre elle et lui.

Elle, fuyant rapide, et comme avec des ailes,
Lui, tigre bondissant qui chasse les gazelles,
Au travers d'un désert hérissé de rochers,
Ils allaient, par moments l'un à l'autre cachés;
Et lui parfois sentait, ainsi qu'une brûlure,
Le parfum que livrait au vent sa chevelure,
Tandis que loin toujours, toujours le devançant,
Sur ce désert en feu, mirage se dressant,
Elle laissait flotter, manteau d'or et de moire,
Ses cheveux qui dans l'air lui faisaient une gloire.

Le ciel était torride et le sable aveuglant;
Elle glissait d'un vol qui devenait plus lent...
Or un bois apparut, où dans son ermitage
Sous les arbres priait un brahme de grand âge;
Et franchissant le seuil, ainsi qu'à l'Orient
La candide splendeur du matin souriant,
Elle s'arrêta droite en face du vieux sage;
Et lorsque celui-ci, relevant son visage,
Eut vu ce corps en fleur, de l'éclat des jasmins,

A son front il porta la paume de ses mains,
Et se courbant lui dit : « Sois bénie, ô Déesse,
Dont la venue aux yeux apporte une caresse :
Ta joue est en sueur, tu palpites d'émoi ;
Serais-tu donc mortelle ? alors, Vierge, dis-moi,
Vierge aux regards d'enfant, toute nue et si chaste,
D'où tu viens, quelles sont ta naissance et ta caste ? »
L'Apsara doucement lui demanda du lait,
Et le vieillard trembla, tandis qu'elle parlait :

— « J'ignore qui je suis et comment j'ai pu naître.
Qui peut dire comment et pourquoi naît un être ?
Un matin j'ai fleuri sur l'abîme profond ;
Les Dieux en nous créant voient-ils bien ce qu'ils font ?
Un délire est entré dans le rêve des choses,
Et je les trouble aussi, sans en savoir les causes. »

Le sage, enveloppé par le charme fatal
De ce beau corps, pareil à l'arbre du santal,
Ivre, tout ébloui, sans bouger devant elle,
Lui murmura : — « Splendeur immortelle ou mortelle
Dont, si calmes et doux, les moindres mouvements
Glissent harmonieux, onduleux et charmants,
Le rythme qui régit les danses des étoiles
N'égale pas celui qu'à mes yeux tu dévoiles !
Vierge, les Livres saints, tous les Védas, c'est toi !
Ta beauté, c'est le Rythme éternel et la Loi !
J'ai vécu toujours pur ; mon âme s'est trompée ;
Ton regard entre en moi, perçant comme une épée.
Plus fort que n'est ma force et déliant mes vœux,

Et je voudrais mourir en touchant tes cheveux ..
Dans le ciel de tes yeux rit la seule lumière;
Je fais le sacrifice et je dis la prière :
Qu'obtiendrai-je par eux de plus beau que ton corps?
L'hymne saint du matin ne vaut pas les accords
De ta voix doucement me demandant à boire;
Le flamboiement du ciel brûle moins que ta gloire... »

Le vieillard se traînait, marchant sur les genoux,
Et ruisselant de pleurs qui lui paraissaient doux,
Quand Siva, se ruant devant l'anachorète,
Férocement cria, l'ayant pris à la tête :
— « Qu'oses-tu bégayer, vieillard lubrique et fou ? »
Le roula sous ses pieds et lui tordit le cou;
Et le corps disparut, consumé par la flamme.

Et Siva, la cherchant, ne vit plus cette Femme :
Il prononça des mots magiques, pour la voir;
Mais, vaincu par l'amour, il était sans pouvoir,
Et lâche alors, afin de retrouver sa trace,
Il implora les Dieux et leur demanda grâce.

Et voilà que plongeant ses yeux de toutes parts,
Il aperçut, fuyant au loin, des léopards;
Et ces bêtes passaient ainsi qu'une rafale.
Elle était sur l'un d'eux, superbe, triomphale,
Et d'un bras enroulée à son cou tacheté,
Étendait de son corps la fière nudité,
Et telle qu'un radjah qu'une troupe protège,
Entraînait à sa suite un bondissant cortège

De tigres, de lions et de lynx, dont les voix
Rugissaient et tonnaient dans l'épaisseur des bois.
La Vierge souriait parmi cette tempête ;
Des oiseaux bleus volaient en cercle sur sa tête,
Pour ombrager son front de fatigue pâli,
Grand parasol couleur de lapis-lazuli.

En les suivant des yeux, Siva vit d'une roche,
Comme le soir tombait, que la mer était proche ;
Et par elle effarés, ces fauves, ces oiseaux
Tumultueusement vaguaient dans les roseaux...

Le Dieu d'un prompt élan atteignit le rivage,
Et la Femme plongea dans l'abîme sauvage...

Et la mer était sombre et roulait des sanglots.
Siva, dont la douleur hurlait comme ces flots,
La nuit étant venue, aperçut de la dune
Sur les eaux palpiter un grand lever de lune :
Et c'était Elle encor, montant du gouffre amer ;
Et s'élançant vers Elle, il marcha sur la mer...

Elle glissait, lumière ardente, sur les vagues ;
Et les flots adoucis calmaient leurs plaintes vagues ;
Sur ses pieds blancs les flots qui s'étaient apaisés
Semblaient éparpiller des essaims de baisers,
Comme des papillons volant sur des fleurs pâles :
Et dans la mer coulait un long fleuve d'opales.
Et le Dieu s'avançait infatigablement ;
Et l'attirant toujours, comme le fer l'aimant,

La Vierge paraissait une colonne en flamme,
Qui dansait, descendait et montait sur la lame;
Et la poursuite ainsi dura jusqu'au matin,
Où tout à coup la Vierge, à l'horizon lointain,
Alors qu'un peu de jour aux ténèbres se mêle,
Se fondit dans l'aurore, adorable comme elle.
Et lorsque le Dieu sombre eut cessé de la voir,
Le ciel, qui s'éclairait, à ses yeux se fit noir;
Et tout autour de lui, la mer comme une chienne
Aboyait, et mêlait ses fureurs à la sienne...

Or, regagnant la plage, il vit que d'un rocher
Des singes descendaient, cherchant à se cacher,
Et s'allongeaient, rampaient, et guettaient une proie;
Puis il les entendit pousser des cris de joie
Si stridents et si fous, qu'il se dit : — « Elle est là ! »
Et d'un long beuglement d'amour il l'appela.

Sur la rive en effet, contre un arbre appuyée,
De ses deux bras couverte, et pudique, effrayée,
Elle avait des frissons, comme si sur sa peau
L'haleine était déjà du monstrueux troupeau...
Et plein d'éclairs, typhon écroulé sur leurs têtes,
Siva saisit, tordit, broya toutes ces bêtes,
Et rouge du sang vil qui coulait de leurs corps,
Il dansa, trépignant et chantant, sur les morts.

Elle les regardait songeuse : et dans la femme
Obscurément passa comme un regret infâme;
Et Siva découvrit sous sa pure beauté

Tout un fonds ténébreux de bestialité :
Il n'en fut que plus ivre et plus ardent peut-être
En son désir toujours croissant de la connaître.
Elle ne bougeait plus; mais d'un regard humain
Contempla le grand Dieu qui lui prenait la main,
Et bien qu'il fût la Mort, se mit à lui sourire.

Or, comme il l'étreignait, voilà que son délire
Se fondit tout à coup; et ce fut le réveil!...
Ses yeux troubles semblaient sortir d'un lourd sommeil,
Et d'un songe où longtemps avait erré son âme;
Et gisant à ses pieds, au lieu de cette Femme,
Coulait et s'étalait, infect et repoussant,
Tout un putride amas de chair, d'os et de sang.

— « O mensonge, dit-il, infection immonde,
Te voilà donc, objet des délices du monde!
L'Illusion, voulant me troubler, t'envoya,
Fantôme cher à ceux qu'égare la Maya.
Je suis l'Être qui sait que tout est apparence,
Et que tout passe et meurt, l'ivresse ou la souffrance,
Et que tout amour ment, pour être un créateur :
Je reste, seul réel, le calme Destructeur.

« O Nature, dont luit splendide la surface,
Aux yeux que j'ai troublés tout ton néant s'efface.
Danseuse aux voiles d'or, dont le corps radieux
Tourbillonne devant les hommes et les Dieux,
Et dont la vanité dans la leur se reflète,
Sous tes gloires, je vois se dresser ton squelette.

Mais ta vraie et durable image, la voilà,
Néant que le Désir à mon esprit voila! »

Et sous l'arbre sacré l'Ascète au front livide,
Siva, se replongea dans les gouffres du vide.

A LA NATURE

Pareille en ton caprice aux reines d'Orient,
  Bizarre Déité, qui fais en souriant
Mourir ceux qui venaient de reposer leur tête
Sur les fleurs de ta chair, étonnés de la fête
Donnée à tous leurs sens par ton étrange amour ;
Reine, malgré la mort, quand apparaît le jour,
Malgré ta cruauté tranquille, et les mensonges
De tes bras repliés pour enlacer nos songes,
De tes bras nous faisant une aimante prison,
Avec tes grands regards d'azur pour horizon,
Pour tes grands yeux d'azur, pour la chaude caresse
De ton sourire d'or, pour toute cette ivresse
Qu'une heure nous buvons à tes lèvres de feu,
Pour les splendeurs de ton palais au plafond bleu,
Pour la claire musique et la pure lumière
De ta beauté sublime en sa fraîcheur première,
Pour le son féminin et le chant de ta voix,
Pour tes baisers, le soir, en la langueur des bois.

Je t'aime, et te bénis de m'avoir donné l'être,
D'avoir fait qu'un instant je t'ai vue apparaître
Dans le rayonnement de ton corps adoré,
Au risque du néant, dont tu m'avais tiré!

HEURES SOMBRES

DANS L'ESTEREL

C'ÉTAIT un clair matin d'avril : toutes les branches
   Chantaient dans le soleil, après le long hiver ;
Les Alpes dans l'azur dressaient leurs cimes blanches ;
J'écoutais la sirène éternelle, la mer...

Quand j'aperçus soudain, au-dessus de ma tête,
Tout en haut d'un talus qui bordait le chemin,
Un sordide vieillard, à l'allure de bête,
Sale, vil, repoussant, hideux débris humain.

Vers moi nonchalamment il tourna sa prunelle ;
Son corps se profilait sombre sur le ciel bleu :
Et des fils de Caïn la colère éternelle
De ses yeux tout à coup jaillit comme du feu.

... Cet homme s'éloigna, m'ayant jeté sa haine ;
Et du regard longtemps je suivis soucieux
Cette apparition de la misère humaine :
Ce vieillard en haillons me cachait tous les cieux !

HOPITAL

Des enfants qui souffraient parce qu'ils étaient nés;
Des femmes qui mouraient pour les avoir fait naître;
Des hommes qui hurlaient ainsi que des damnés,
Et demandaient la mort, et ne voulaient plus être;

Un enfant qui râlait et se tordait hagard,
De l'écume à la bouche, avec des cris de bête;
Des vieillards dont les yeux n'avaient plus de regard,
Et dont tremblaient les mains, les jambes et la tête.

— Quand je sortis de là, j'allai je ne sais où;
Je marchai, le cerveau malade, à l'aventure;
Je regardai sans voir, comme ferait un fou,
Le ciel, les arbres verts, bercés dans le murmure

D'un matin de printemps, et restai tout le jour
Le front baissé, cherchant à comprendre où nous sommes.
Haïssant le soleil, et maudissant l'amour,
Oubliant tout, hormis la misère des hommes.

VIEILLES GRAVURES

SYMBOLES qu'a gravés un maître d'autrefois :
Pour figurer le rythme et la beauté des lois,
Qu'au fond de l'univers nos regards ont cru lire,
La Physique médite en jouant de la lyre.
L'Astronomie aussi tient un luth dont les sons
Rappellent des cieux clairs les sublimes frissons ;
Mais, symbole effrayant, près d'elle la Science,
Un crâne dans la main, sinistrement s'avance.

DEVANT LA MELANCHOLIA

D'ALBERT DURER

LA Melancholia se tient sur une pierre,
Le visage en sa main, cependant que le soir,
Triste comme elle, étend son ombre sur la terre,
Et qu'au loin le soleil s'éteint dans un ciel noir.

Que bâtit-on près d'elle ? Est-ce un grand monastère
Pour une foi qui meurt, ou bien quelque manoir
Dont les canons un jour feront de la poussière ?
Le soleil morne au loin saigne dans un ciel noir.

La Melancholia, songeant à ce mystère
Qui fait que tout ici s'en retourne au néant,
Que nulle part il n'est de ferme monument,

Et que partout nos pieds foulent un cimetière,
Se dit : « Puisque ainsi tout se doit anéantir,
Que sert-il de toujours créer et de bâtir ? »

TRISTESSE DES CHOSES

La pierre était triste en songeant au chêne
    Qui, libre et puissant, croît au grand soleil,
Lutte avec les vents que l'hiver déchaîne,
Puis frissonne et rit sous l'été vermeil.

Le chêne était triste, en songeant aux bêtes
Qu'il voyait courir sous l'ombre des bois,
Aux cerfs bondissants, qui dressaient leurs têtes
Et jetaient au ciel des éclats de voix.

La bête était triste en songeant aux ailes
De l'aigle qui monte à travers le bleu
Boire la lumière à pleines prunelles...
Et l'homme était triste en songeant à Dieu !

RÉBELLION

Si tu ne voulais pas que l'homme mécontent
Te demandât raison de ton œuvre imparfaite,
Il le fallait laisser dormir dans son néant,
Ou comme aux animaux lui mieux courber la tête.

De peur d'une révolte il te fallait garder
De mettre en notre esprit des rêves trop sublimes,
Et ne nous pas donner des yeux pour regarder
Trop avant quelquefois au fond de tes abîmes.

Mais tu nous fis ainsi : ne t'étonne donc pas
Qu'aimant et que pensant nous soyons des rebelles,
Et trouvions des laideurs aux choses d'ici-bas,
Que tes mains aisément pouvaient créer plus belles !

Ne pouvais-tu finir ce monde, ou le briser ?
Ne prévoyais-tu pas qu'il deviendrait infâme ?
Ton chaos dure encor : pourquoi te reposer ?
La vieillesse et l'ennui seraient-ils dans ton âme ?

Tout affamé d'amour, de justice et de bien,
Je m'étonne parfois qu'un idéal se lève
Plus grand dans ma pensée et plus pur que le tien!
— Oh! pourquoi m'as-tu fait le juge de ton rêve?

TIMOUR

Timour a fait trancher quatre-vingt mille têtes :
L'émir devant Bagdad les a fait mettre en tas,
Et les corps ont servi de régal pour les bêtes,
Hyènes, loups, vautours, qui suivent ses soldats.

Les têtes se dressaient en hautes pyramides,
Pour bien prouver à tous la force de sa main,
Et donner le dédain de vivre aux plus timides
Par ces morts entassés montrant que tout est vain.

Timour a toujours fui les plaisirs de la femme ;
Il n'aime que le sang, l'opium et la mort,
Et rêve, trouvant l'homme indigne de son âme,
De le recréer pur, intrépide et plus fort.

Aussi fait-il sans fin flamboyer les épées,
Pour réveiller le monde entier de sa torpeur,
Et fait-il approcher de ces têtes coupées
Les enfants de son peuple afin qu'ils n'aient plus peur.

Il veut former un jour une race indomptable
Qui, dans le sang ayant trempé son cœur de fer,
Purifiera le monde et, lavant cette étable,
Passera sur le genre humain comme une mer.

Et la terre dès lors ne sera plus qu'aux justes,
Aux voyants, aux croyants, aux fakirs dont les yeux
Jettent d'ardents éclairs, et dont les cœurs robustes
Ne craignent rien, hormis Allah, l'Emir des Cieux!

— Mais Timour est tombé sans accomplir sa tâche.
Et Roi des animaux, l'homme est resté toujours
D'une infime stature, et comme eux vil et lâche,
Impudique comme eux et sale en ses amours.

LA MORT DU CHRIST

Tu nous voulais conduire à l'immortalité :
   J'ai pleuré ta défaite et pleuré la clarté
De ces grands cieux, promis par tes lèvres divines
A tous ceux dont le front saigne sous les épines,
A tous ces affamés de justice et d'amour,
Qui, sûrs de toi, croyaient, ô Christ, aller un jour
Te rejoindre vainqueurs dans l'immense lumière !
Ainsi plus rien, hormis l'insensible matière.
Nous avions trop rêvé. Trop longtemps sur ta foi,
Les justes avaient cru que l'Esprit était roi :
La Mort triomphe et se rit d'eux, la Mort est reine,
Et mêle dédaigneuse à la poussière humaine
Ta sublime poussière et ton divin néant !
— Et nous, qu'allons-nous donc devenir maintenant,
Maintenant que nos corps ont douté de leur âme,
Que l'enfant raille aussi lorsqu'on parle des Dieux,
Et qu'il ne reste plus sous le vide des cieux
Que l'animalité de l'homme et de la femme ?

SENECTUS

SOMBRE fatalité, vieillesse, effroi des yeux,
O vieillesse! ironie amère, dont les Dieux
Se plaisent à railler le néant que nous sommes,
Toi, par qui les plus beaux et les meilleurs des hommes
Sont déchus et flétris, sont tout chargés de maux,
Et courbés vers le sol comme les animaux,
Pourquoi subissons-nous l'horreur de ton outrage?
— Dieux du sublime éther, la femme est votre ouvrage
Le plus rare pourtant et le plus précieux,
Puisque en ses regards clairs rit l'azur de vos cieux,
Et que sa bouche en fleur est un si pur calice;
Or par quelle ironie et par quelle malice,
Avant de la tuer, désirant la flétrir,
Infliger à sa chair la honte de vieillir!
Et ne souffrez-vous pas, lorsque par les années
Ces roses et ces lys, toutes ces chairs fanées,
Mêlent leur laideur triste à vos rêves joyeux,
Et salissent l'azur tranquille de vos yeux?

LA BÉTE

Qui donc t'a pu créer, Sphinx étrange, ò Nature,
  Et d'où t'ont pu venir tes sanglants appétits?
C'est pour les dévorer que tu fais tes petits,
Et c'est nous, tes enfants, qui sommes ta pâture.

Que t'importent nos cris, nos larmes et nos fièvres?
Impassible, tranquille, et ton beau front bruni
Par l'âge, tu t'étends à travers l'infini,
Toujours du sang aux pieds et le sourire aux lèvres!

NOX

Nuit, mère du Sommeil et du Rêve, Déesse
Secourable et sereine, et chère à ceux qu'oppresse
Ici-bas la douleur de vivre, oh ! pourquoi fuir
Chaque matin nos cœurs, qui se sentent mourir
Délicieusement dans tes doux bras de femme ?
O Nuit ! pourquoi t'enfuir, pourquoi délaisser l'âme,
Heureuse d'être enfin plongée au gouffre noir,
De ne plus rien entendre et de ne plus rien voir ?
— Il faut vivre quand même, — et que le jour se lève
Chaque matin, chassant la Nuit, chassant le Rêve ;
Ici-bas il faut vivre et distraire les Dieux :
— Ainsi les empereurs, qui, s'ennuyant chez eux,
Avaient besoin du cirque, où s'égorgeaient des hommes.
— Nuit, prends de nous pitié, voyant ce que nous sommes !

LE SILENCE DES MORTS

Nous évoquons sans fin le ciel morne et la terre.
Et nous les supplions de dire ce qu'est Dieu :
Mais le Destin les a condamnés à se taire.
Et parait s'amuser de ce terrible jeu !

Nulle parole encor ne leur est échappée,
Trahissant le secret qui nous rend soucieux ;
Et pareils à ces noirs dont la langue est coupée.
Les êtres devant nous restent silencieux.

Mais vous, les morts, ô vous qui savez ce qu'on souffre
A toujours ignorer le sort qui nous attend,
Vous qu'on a descendus aux profondeurs du gouffre,
Et qui pourriez enfin dire ce qu'on entend,

Ce qu'on voit dans la tombe au fond de sa nuit noire.
O morts, qui connaissez les doutes d'ici-bas
Et les tourments de ceux qui ne savent plus croire,
Pourquoi, muets aussi, ne répondez-vous pas ?

LE COUVERCLE DU MORT

J'ÉTAIS mort, et je dis à mon âme : « Il est temps.
Quitte ta tombe et viens, monte vers la lumière :
Tous ces vivants, oh ! comme ils rient, tu les entends ?
Il fait trop noir et froid ici, sors de ta bière. »

... Le couvercle était lourd, et je raidis mes mains ;
Que de clartés là-haut et quel grand bruit de fête !
Horreur ! je retombai : mes efforts étaient vains,
C'était l'éternité qui pesait sur ma tête !

LA MAGIE DE SALOMON

SALOMON fit un signe : un génie amena
   Sous la nuit étoilée
La Mort, qui sur-le-champ humble se prosterna,
   Magnifique et voilée.

Et Salomon lui dit : « La lune mène aux cieux
   Sa danse accoutumée ;
Je veux te voir aussi, reine, devant mes yeux
   Tourner comme une almée.

« Entends la flûte rire et hurler les tambours. »
   — Et dans cette musique
Elle tourbillonna sous ses vêtements lourds,
   Selon l'ordre magique.

Or, quand elle eut fini, Salomon soucieux
   Lui cria : « Mets-toi nue,
Je veux voir ta laideur, et voir s'il n'est pas mieux
   Qu'elle soit moins connue. »

Et la reine obéit; et, ses voiles ouverts,
    Elle apparut horrible,
Le corps tout décharné, le crâne par les vers
    Tout troué comme un crible.

« C'est bien, recouvre-toi de ta robe, dit-il,
    Habille ton squelette;
Que parfois à tes pieds brûle un parfum subtil
    Dans une cassolette;

« Sous un long voile obscur tiens cachés tes yeux creux,
    Et remplis de mensonges
Ton silence ou ta voix, pour que les malheureux
    Aient devant toi des songes,

« Et qu'à leur dernière heure, en rêvant dans tes bras
    Les délices suprêmes,
Ils croyent éblouis, lorsque tu paraîtras,
    Goule, que tu les aimes!

« Mets du fard à ta peau, trompe-les, je le veux,
    Pour tenter leur envie
Sème de diamants la nuit de tes cheveux,
    Mens-leur comme la Vie! »

— Et la reine obéit, et les hommes longtemps,
    En la croyant très belle,
Fous d'amour, et les yeux de désirs éclatants,
    Se tuèrent pour elle!

CHRIST D'UN VIEUX MAITRE

Un Christ en croix, saignant, sombre, maigre, livide ;
Il est seul, déserté de tous ; le ciel est vide.
Ce ciel qu'il évoquait d'un regard éperdu
Ne s'est pas entr'ouvert et n'a rien répondu ;
Et ce Christ semble mort dans l'angoisse suprême,
Ayant douté de nous, de douter de Dieu même.

ÉTOILE LOINTAINE

Astre clair qui là-haut trembles au fond des cieux,
 Quel est le nom, quelle est la forme de tes dieux ?
Des hommes sont-ils rois de tes troupeaux de bêtes ?
Lointaine étoile, as-tu tes héros, tes prophètes,
Tes fous, tes criminels et tes sombres damnés,
Ou tes voyants, tes saints, tes grands hallucinés,
Cherchant à consoler la détresse des êtres ?
Tes vivants souffrent-ils du péché des ancêtres ?
Et le soir, éblouis par ta splendeur qui ment,
Prolongent-ils aussi leur misère en s'aimant ?
Tes amants savent-ils au cœur de leur amante
Apaiser l'infini désir qui les tourmente ?
Astre clair, cependant tu souris et tu luis ;
Tu mêles ton mensonge à la douceur des nuits ;
Tu scintilles, pareil aux yeux des bien-aimées,
Malgré tant de douleurs en ton sein renfermées,
Et bien qu'en toi, fruit d'or, fruit merveilleux du ciel,
Le mal se soit glissé comme un ver éternel.

FIGURINES MACABRES

I

A DAM et Ève ont fui leur beau paradis clair.
    Froide sous un ciel noir déchiré par l'éclair,
La terre étend ses lacs et ses plaines sans bornes.
Ils contemplent muets ces solitudes mornes,
Et grelottent, fouettés par la pluie et le vent.
Un violon en main, la Mort court en avant,
Jouant des airs d'amour, et gambadant de joie
Devant cet univers, qui deviendra sa proie.

II

L'astrologue pensif interroge les cieux :
La Mort, en s'approchant, lui met devant les yeux
Un hideux crâne vide, et rit, et lui vient dire :
« Le ciel est aussi creux, que veux-tu donc y lire ? »

LENDEMAINS D'AMOUR

OH ! que d'amants encor s'aimeront sous la nuit,
   Bien longtemps après nous, aux clartés des étoiles !
Que de lèvres encor furtives et sans bruit,
Femmes, pour vous brûler, écarteront vos voiles !

Et quand ces cœurs ardents seront éteints et morts,
   Que sera-t-il resté de toutes ces ivresses ?...
Quel effroi glacerait l'étreinte de ces corps,
S'ils songeaient au néant qui suivra leurs caresses !

ÉGALITÉ, FRATERNITÉ...

ZIG et zig et zig, la Mort en cadence
Frappant une tombe avec son talon,
La Mort à minuit joue un air de danse,
Zig et zig et zag, sur son violon.

Le vent d'hiver souffle, et la nuit est sombre ;
Des gémissements sortent des tilleuls ;
Des squelettes blancs vont à travers l'ombre,
Courant et sautant sous leurs grands linceuls.

Zig et zig et zig, chacun se trémousse,
On entend claquer les os des danseurs ;
Des couples furtifs s'assoient sur la mousse,
Comme pour goûter d'anciennes douceurs.

Zig et zig et zag, la Mort continue
De racler très fort son aigre instrument.
Un voile est tombé ! la danseuse est nue :
Son danseur la serre amoureusement.

Zig et zig et zig, quelle sarabande !
Quel cercle de morts se donnant la main !
Zig et zig et zag, on voit dans la bande
Le roi gambader auprès du vilain.

Mais psit ! tout à coup on quitte la ronde.
On se pousse, on fuit, le coq a chanté.
— Oh ! la belle nuit pour le pauvre monde.
Et vivent la Mort et l'Égalité !

VEILLÉE FUNÈBRE

Pauvre homme, qui vécus sans joie et sans clarté,
   Et dont le cœur pourtant ne connut pas l'envie,
Tes membres étendus dans l'immobilité
Se reposent enfin du combat de la vie.

Tu marchais résigné, tranquille en ta vertu :
Quelle est ta récompense, et sur le grand mystère,
Si tu ressuscitais, que nous répondrais-tu ?
Lazare allait parler, quand Jésus l'a fait taire.

La vie autour de toi s'agite avec son bruit
D'océan monotone et lointain, et je songe
Aux amants éperdus qui s'aiment dans la nuit,
Pour prolonger sans fin ce bruit et ce mensonge...

Mais aux morts délivrés qu'importe ce qu'ils font,
Et tout l'enfantement du temps et de l'espace ?
Contemporain des morts, dans ton calme profond,
Que t'importe aujourd'hui tout ce néant qui passe ?

L'AME DES BÊTES

LE soleil se couchait rouge, immense, superbe:
  Je voyais fourmiller des insectes dans l'herbe,
Et près du petit peuple à mes pieds rassemblé,
Regagnant la forêt des hauts épis de blé,
Tout songeur j'essayais d'imaginer la forme
Qu'en ces cerveaux chétifs prenait cet astre énorme,
Et l'horreur, la stupeur des bêtes regardant
Le grand dragon de feu saigner à l'occident...

HARMONIES DU SOIR

D'après un tableau de M. Henner.

J'AI l'horreur de penser, et par instants j'envie
    Les êtres primitifs qui traversaient la vie
Sans le tourment du bien, ni le souci du mal,
Dans cette inconscience où rêve l'animal !...
— Songe d'un soir d'été : la brise est amollie ;
Des nymphes au corps pâle auprès d'une eau pâlie
Fleurissent, grands lys blancs, parmi l'herbe et les fleurs,
Et l'eau sourit de ses yeux bleus comme les leurs.
Sous les bois fraternels, ces nymphes indolentes
Ont le charme immobile et le calme des plantes.
Aucun émoi jamais en leur être ingénu :
Leur corps jeune et divin est tranquillement nu ;
Belles innocemment, elles s'offrent sans voiles
A l'amour du soleil, aux baisers des étoiles.
Dans la candeur des bois sacrés de l'âge d'or
Luit cette nudité que rien ne trouble encor ;
Et leur sang virginal est lent comme la sève,
Et leur pensée heureuse a le vague d'un rêve !...
— L'onde a des yeux de femme et des frissons, le soir ;

Une nymphe est assise au bord de ce miroir,
Et de la flûte antique, adorable harmonie,
Fait s'écouler un chant de douceur infinie,
Un chant paisible ayant la paix de ces forêts,
Un chant, comme cette eau, chaste, limpide et frais,
Mystérieux, vibrant, comme cette lumière,
Un chant pur, où sourit leur pureté première,
Un chant tendre, et fondant en lui tous ces accords
Du ciel pâle, de l'eau pâlic et de leurs corps.

CALME DES PLANTES

L E sage aime la paix et la douceur des plantes,
 Leurs regards féminins et leur sérénité,
Et le sage aime aussi les bêtes nonchalantes,
Qui dorment près de lui dans l'immobilité.

Le soir, quand il succombe au lourd poids de la vie,
Qu'il est las de penser et de rêver toujours,
Il va parmi les bois, et sa tristesse envie
Les fleurs qui vont s'ouvrir à de calmes amours.

Car Dieu semble n'avoir créé dans notre tête
Que stériles tourments et vaine activité,
Réservant ici-bas pour la plante et la bête
Le calme bienheureux de la passivité.

ATAVISME

L A chair commande en nous, dès que l'âme sommeille :
Quand l'homme en nous s'endort, la bête se réveille :
Ame débile à qui tous tes sens font la loi,
Les besoins animaux toujours règnent en toi.
La chair a ses désirs impurs, ses rêves sombres,
Vestiges infamants d'un long passé plein d'ombres ;
Elle obéit souvent à de sinistres voix :
Si bestial rampait naguère au fond des bois
Ce faune, aïeul obscur de nos races humaines !
Et nos lubricités, et ces chocs de nos haines,
Nos besoins carnassiers, nos vices monstrueux,
Tant de sales péchés qui s'attirent entre eux,
Sont — instincts mal domptés encor par les lois saintes —
Les fureurs d'un vieux sang qui ne sont pas éteintes.

CRIMES D'AMOUR

QUAND pâles, éperdus, nous tenons embrassées
Celles qui transmettront nos corps et nos pensé[e]
Nos âmes, nos vertus, l'héritage du mal,
Et les instincts pervers de l'antique animal,
Je ne sais quel effroi se mêle à nos caresses.
L'homme est triste parfois, sortant de ces ivresses,
Comme s'il ressentait quelque vague remords
D'éterniser ainsi tous les péchés des morts...
Aussi pour que pas un n'hésite, la Nature
Prévoyante, et qui veut que l'humanité dure,
A-t-elle soin, tranquille en ses secrets desseins,
D'allumer la fureur et la fièvre en nos seins.
Alors inconscients, ivres, dans la folie
Et l'atroce plaisir du baiser qui nous lie,
Au crime d'enfanter des âmes condamnés,
Nous évoquons le cher troupeau des nouveau-nés.

OURAGAN NOCTURNE

LES vagues se cabraient comme des étalons,
    Et dans l'air secouaient leur crinière sauvage.
Et mes yeux, fatigués du calme des vallons,
Voyaient enfin la mer dans une nuit d'orage.

Le vent criait, le vent roulait ses hurlements,
L'océan bondissait le long de la falaise,
Et mon âme, devant ces épouvantements
Et ces larges flots noirs, respirait plus à l'aise.

La lune semblait folle, et courait dans les cieux,
Illuminant la nuit d'une clarté brumeuse;
Et ce n'étaient partout qu'aboiements furieux,
Rugissements, clameurs de la mer écumeuse.

O Nature éternelle, as-tu donc des douleurs?
Ton âme a-t-elle aussi ses heures d'agonie?
Et ces grands ouragans ne sont-ils pas tes pleurs,
Et ce vent fou, tes cris de détresse infinie?

Souffres-tu donc aussi, Mère qui nous as faits ?
Et nous, sombres souvent comme tes nuits d'orage,
Inconstants, tourmentés, et comme toi mauvais,
Sommes-nous donc en tout créés à ton image ?

SOIR D'AUTOMNE

Le printemps m'a jeté des vers,
Les oiseaux m'ont jeté des rimes;
Le grand vent dans les arbres verts
M'a soufflé des rythmes sublimes.

Sous l'été brûlant, tout le jour,
Vers le ciel j'ai tendu mon âme,
Afin qu'elle s'emplît d'amour,
Et s'incendiât à sa flamme.

Mais les rouges soleils du soir
M'ont versé leur mélancolie;
Et l'automne son désespoir,
Et la mer folle sa folie.

RECOMMENCEMENTS

Tu contemplais jadis, les yeux extasiés,
   Le mobile océan des effets et des causes;
Tes yeux ne se sont pas encor rassasiés,
Et pourtant ils sont las du spectacle des choses.

Sans être satisfait, étant désenchanté,
Pourquoi toujours alors offrir ton âme avide
Aux regards attirants et purs de la Beauté,
Dont tu sais cependant la misère et le vide?

O cœur désabusé, qui désires toujours,
Et gardes à jamais ta soif inassouvie,
Pourquoi chercher encor de nouvelles amours,
Quand tu connais si bien le néant de la vie?

FEMINEUM MARE

O mer, mer tour à tour caressante et cruelle,
Terrible mer, changeante et trouble autant que nous.
Pourquoi tes cris de bête et tes grands élans fous,
Quand la lune au cœur pâle apparaît et t'appelle ?

O mer des nuits d'orage, ô hurlante femelle,
Qui tords les naufragés engourdis par tes coups,
Et mer des soirs d'été, dont les yeux bleus sont doux,
O chanteuse, ô berceuse, ô sirène éternelle ;

Mer, tour à tour pourquoi tes fureurs, tes sanglots,
Puis tes rires d'écume et l'azur de tes flots,
Tes douceurs, tes langueurs et tes soupirs de femme,

O mer, qui ne connais ni pitié ni remords,
Ossuaire profond où dorment tant de morts,
Abîme monstrueux, si pareil à notre âme ?

RÉMINISCENCES

A Darwin.

Je sens un monde en moi de confuses pensées,
Je sens obscurément que j'ai vécu toujours,
Que j'ai longtemps erré dans les forêts passées,
Et que la bête encor garde en moi ses amours.

Je sens confusément, l'hiver, quand le soir tombe,
Que jadis, animal ou plante, j'ai souffert,
Lorsque Adonis saignant dormait pâle en sa tombe,
Et mon cœur reverdit quand tout redevient vert.

Certains soirs, en errant dans les forêts natales,
Je ressens dans ma chair les frissons d'autrefois,
Quand, la nuit grandissant les formes végétales,
Sauvage, halluciné, je rampais sous les bois.

Dans le sol primitif nos racines sont prises ;
Notre âme, comme un arbre, a grandi lentement ;
Ma pensée est un temple aux antiques assises,
Où l'ombre des Dieux morts vient errer par moment.

Quand mon esprit aspire à la pleine lumière,
Je sens tout un passé qui le tient enchaîné;
Je sens rouler en moi l'obscurité première :
La terre était si sombre, aux temps où je suis né !

Mon âme a trop dormi dans la nuit maternelle :
Pour monter vers le jour, qu'il me fallut d'efforts !
Je voudrais être pur : la honte originelle,
Le vieux sang de la bête est resté dans mon corps.

Et je voudrais pourtant t'affranchir, ô mon âme,
Des liens d'un passé qui ne veut pas mourir;
Je voudrais oublier mon origine infâme,
Et les siècles sans fin que tu mis à grandir.

Mais c'est en vain; toujours en moi vivra ce monde
De rêves, de pensers, de souvenirs confus,
Me rappelant ainsi ma naissance profonde,
Et l'ombre d'où je sors, et le peu que je fus;

Et que j'ai transmigré dans des formes sans nombre,
Et que mon âme était, sous tous ces corps divers,
La conscience, et l'âme aussi, splendide ou sombre,
Qui rêve et se tourmente au fond de l'univers !

LE DOMPTEUR

LE dompteur se tenait debout devant ses bêtes :
Sur les barreaux du fond les lions se pressant,
Il les fouetta ; soudain alors toutes ces têtes,
Avec un mouvement terrible se dressant,

Rugirent : un nouveau coup de fouet les fit taire.
Et les lions soumis et rentrés au repos,
Le dompteur les força de se coucher à terre,
Et gracieusement mit son pied sur leur dos.

Mais ce qui plut surtout et fit rire les femmes,
Ce fut après cela de petits lionceaux,
Condamnés pour la vie aux spectacles infâmes,
Qui lestement sautaient à travers des cerceaux.

Leurs mères regardaient de leur prunelle morte.
L'homme sourit encore au moment de partir ;
Et j'eus honte, voyant qu'il atteignait la porte,
De ces lions repus qui le laissaient sortir.

Et mon cœur s'indigna de l'horreur de ces fêtes,
Aimant toutes fiertés, et dès lors n'aimant pas
Qu'outrageant sans pudeur la dignité des bêtes,
On dressât des lions à se courber si bas.

DANS UNE FORÊT, LA NUIT

SILENCIEUSE horreur des forêts sous la nuit!
Chênes, fantômes noirs, qui vous dressez dans l'ombre,
Bleus abîmes du ciel, gouffre tranquille où luit
Le fourmillement clair des étoiles sans nombre,

J'erre terrifié, les yeux fixés sur vous,
Voulant percer toujours ces ombres où nous sommes,
Mais où vous demeurez, interrogés par nous,
Sans réponse jamais aux questions des hommes!

Univers éternel, arbre toujours vivant,
Ygdrasill, frêne énorme aux vibrantes ramures,
Quel esprit est en toi, quel grand souffle, quel vent
Vient t'agiter sans fin et t'emplir de murmures?

Étoiles, floraison de cet arbre géant,
Qui ressemblez aux yeux terrestres de la femme,
Fleurs brûlantes du ciel, je songe à ce néant,
Où vous vous éteindrez un jour comme mon âme!

J'ai peur, mortel chétif, en cette immensité :
La ténébreuse horreur des grands bois me pénètre,
J'ai peur, quand au travers de leur obscurité
Je vois tout l'infini qui menace mon être.

Pourquoi suis-je donc seul saisi d'un tel émoi,
Seul atome pensant parmi tous les atomes,
Devant ces arbres noirs qui font autour de moi
Ce grand cercle muet d'immobiles fantômes ?

... Dans ce monde avec vous comment suis-je venu ?
O visions, avant que la mort ne nous fasse
Tous rouler pêle-mêle au fond de l'inconnu,
Regardons-nous, une heure encore, face à face !

LE CAP NORD

... Et devant lui s'ouvre le palais ie l'Éternel...

CARLYLE.

Sous la morne blancheur des iongues nuits polaires
Se dresse le Cap Nord, sombre, silencieux,
Et le rocher, debout sous les clartés stellaires,
Semble un géant qui veille à la porte des cieux.

A ses pieds, l'Océan se tord et se lamente,
Le vieil Océan pleure et roule ses sanglots;
Et tandis que le vent du pôle le tourmente,
Tranquille le géant plane au-dessus des flots.

Tout au loin, à cette heure, enveloppés par l'ombre,
Reposent dans le sein du rêve et du sommeil
Les peuples de l'Europe, et les races sans nombre
De l'Afrique, la noire amante du soleil.

Là-bas règnent le Temps, la Douleur et le Crime,
Et l'Amour et la Mort errent par les chemins;
Ici, l'âme de l'homme au bord du grand abîme
Méprise tout le vain tumulte des humains,

Et contemple sans voix l'espace taciturne,
Le palais ténébreux où dort l'Éternité,
Froidement éclairé par la lampe nocturne
De la lune flottant sur cette immensité!

LE SOURIRE

TIJAOUR se faisait suivre dans les combats
   D'une esclave très belle, et qui, haute de taille,
Sur l'épaule d'un noir, calme, appuyant ses bras,
D'un éléphant géant dominait la bataille.

Rêvait-il, s'il était vaincu, de reposer
Sur cette femme encor sa vue inassouvie,
Ou, bizarre songeur, voulait-il opposer
Aux horreurs du trépas les splendeurs de la vie?

Sur la gaze et la soie enserrant son long corps
Flottait, sombre manteau, sa chevelure brune;
Au-dessus des blessés, des mourants et des morts,
Tranquille et doux planait son sourire de lune.

Pour contempler l'éclat de ses yeux de lapis
Les moribonds rouvraient leurs paupières tremblantes :
Sur leurs corps écrasés elle semblait un lys
Éclos dans un jardin de tulipes sanglantes.

— C'est ainsi que sourit, en nous voyant mourir,
Avec ses grands yeux clairs la Nature sereine,
Et que ses yeux pourtant nous aident à souffrir,
Indifférents et beaux, sans amour et sans haine !

LE VIEILLARD

UN vieillard tout courbé s'est assis sur un banc :
  Aux rayons du soleil que renvoie un mur blanc
Un moment il se vient réchauffer et regarde
Quelques soldats debout devant un corps de garde,
Des femmes s'appuyant au bras de leur amant,
Des mères dont la main rappelle doucement
Leurs enfants curieux que toute chose arrête,
Puis ce grand ciel qui flambe au-dessus de sa tête
Et dont la vision va s'éteindre pour lui :
Et les yeux du vieillard se ferment pleins d'ennui.

SUICIDE

Voulez-vous venir prendre l'air, Monseigneur ?
— Où cela ? dans le tombeau ?...

HAMLET.

CET homme s'est tué, triste et fatigué d'être :
On l'aurait consulté, qu'il n'eût pas voulu naître :
Pourquoi lui reprocher d'avoir voulu mourir ?
Patricien très pur, il ne pouvait souffrir
D'être heurté toujours par cette tourbe humaine.
Du reste, il n'eut jamais ni colère ni haine.
L'éternel féminin le satisfaisait peu ;
Il admirait parfois les décors, le ciel bleu,
L'océan, les forêts, et les soleils d'automne ;
Mais la pièce à ses yeux étant trop monotone,
Et les acteurs aussi lui paraissant mauvais,
Pris d'un ennui suprême, il se dit : « Je m'en vais. »
Or tous les satisfaits et les badauds des rues
Sont étonnés quand on s'enfuit de leurs cohues ;
Le spectacle l'écœure, il n'en veut plus, et sort
Pour aller respirer le silence : a-t-il tort ?

HOROSCOPE

Et voici, vierge, ton destin :
Tu chanteras ta ritournelle,
De lin vêtue ou de satin,
Dans la comédie éternelle.

Pauvre figurante d'un jour,
Dans cette tragi-comédie
Du vieil auteur, le jeune Amour,
Tu viendras chanter ta partie.

Adorable tu souriras,
Ou tu répandras quelques larmes :
L'amant tombera dans tes bras,
Pris au doux piège de tes charmes.

Alors, tous les lustres éteints,
Toutes les romances chantées,
Tes fards effacés ou déteints,
Tes robes de princesse ôtées,

Tu pourras dire : « La Maya
M'avait prise un soir pour comparse,
Et puis dehors me renvoya,
Après mon duo dans sa farce.

Où bientôt seront mes beautés,
Mon corps jeune, mes seins de neige ?
Les bouquets fanés sont jetés :
Que faire maintenant ? où vais-je ?

Sur les mensonges de jadis
Fleurissaient de bleus clairs de lune :
— Et bientôt le *De Profundis*,
Et bientôt la fosse commune.

MALADIE RÉGNANTE

L'ENNUI, l'hôte assidu de nos tristes cerveaux,
A fait sa proie aussi de l'immortel espace :
La Mort voudrait mourir, et le Soleil se lasse,
Hercule fatigué de tous ses vains travaux.

Les Cieux péniblement semblent traîner leur vie ;
Voilà que l'amour même est lourd au cœur humain,
Et courbé sous le poids de ses rêves sans fin,
Trouvant l'éternité trop longue, Dieu s'ennuie !

L'INEFFABLE BAISER

Tout lendemain d'amour a son réveil amer ;
  Nulle forêt ne peut rassasier la flamme,
Aucun fleuve n'a pu rassasier la mer,
Et nul amour humain satisfaire notre âme.

Des Dieux jadis avaient le secret d'apaiser
Cet infini besoin d'amour qui la tourmente :
C'était l'intarissable et mystique baiser
Que ces amants divins donnaient à cette amante.

Pauvre âme, en l'avenir que deviendra ton sort
Si, les cieux désertés à jamais restant vides,
Pour éteindre ta soif tu n'as plus que la Mort
Et le baiser muet de ses lèvres livides ?

THÉATRE DES MARIONNETTES

Misérables sont nos destins,
  Tous nos actes sont un mystère ;
Nous ressemblons à des pantins
Suspendus entre ciel et terre.

De magiques décors pour fonds,
Et s'agitant parmi ces toiles,
Toujours des traîtres, des bouffons,
Et des amants sous les étoiles !

Ces amoureux, ils vont brodant
Leurs variations sur un thème
Bien ancien, et qui cependant
Fait encore un plaisir extrême.

Le spectacle ainsi change peu,
C'est toujours au fond même chose :
Toujours le ciel, gris, noir ou bleu,
Sur du lyrisme ou de la prose.

Quelquefois le sang est versé :
Cris, tempête, flamme et fumée;
Et quand tout ce bruit est passé,
On en fait de la renommée.

Pourquoi ces amours, ces combats?
On souffre, on meurt, ailleurs on aime.
Pourquoi jouons-nous ici-bas
Ce vieux drame, toujours le même?

Est-ce pour distraire ses yeux,
Ou pour charmer l'ennui des anges,
Que Dieu fait sans fin sous les cieux
Défiler ces choses étranges?

Et quand nous avons quelque temps
Tou.né sur cette scène étroite,
La Mort, contents ou mécontents,
Vient nous replacer dans la boîte.

L'ENTERREMENT

D'UNE MARIONNETTE

Dies *iræ, dies illa*
    Solvet sæclum in favilla :
La morte qu'on enterre là
Etait hier ma bien-aimée :
ils l'ont dans la boîte enfermée.

Je pense aux baisers dans son cou,
Quand je l'adorais comme un fou.
On va la jeter dans un trou ;
Un peu d'eau bénite et de terre,
Puis, éternelle solitaire,

Sur tes petits seins tes deux bras,
Toute sage tu dormiras,
Et lentement tu pourriras,
N'ayant plus, ô mon hirondelle,
Que le ver qui te soit fidèle.

Seule autrefois tu t'effrayais ;
Si je m'en allais, tu criais ;
En revenant, moi je riais :
Tu seras seule tout à l'heure,
Tu ne crieras plus ; et je pleure...

Vieux navire battu des vents,
Tout meurtri par les flots mouvants,
Parmi le monde des vivants
Je vais rentrer, tête baissée,
Du brouillard gris plein la pensée.

Les jours de pluie, à ton cher corps,
Laissé là-haut, laissé dehors,
Je songerai : les pauvres morts
Jusque sur eux sentent peut-être
La pluie horrible qui pénètre.

« Toujours, toujours, en tous les temps
Les amoureux auront beau temps. »
C'est une chanson de printemps,
Très ancienne et de toi goûtée ;
Autrefois nous l'avons chantée !

Il est toujours là, le décor,
La ville et le bois, le ciel d'or,
Et ma marionnette encor
Parle, s'agite et se tient droite...
— Quand rentrerai-je dans la boîte ?...

L'APOLLON DU NOUVEL OPÉRA

C'ÉTAIT par un des soirs de la fatale année :
Il pleuvait ; la nouvelle avait été donnée
D'un horrible désastre, et j'allais en avant
Par la rue, au hasard, sous la pluie et le vent.
Ce dernier coup tuait la dernière espérance.
Dans cet effondrement sinistre de la France
Je sentais s'écrouler mes rêves, mon orgueil,
Mon âme, et j'étouffais comme dans un cercueil.
Et pas une lueur n'éclairant le naufrage :
Quand soudain dans le ciel où rugissait l'orage,
Parmi les éclairs bleus qui déchiraient la nuit,
Je vis sur nous, sereine au milieu de ce bruit,
Étinceler sublime et planer une lyre,
Et Phœbus-Apollon, comme pris de délire,
La dressait, la montrait à tous vibrante encor,
Et les éclairs semblaient jaillir des cordes d'or !
Assises à ses pieds, les Muses immortelles,
Palpitantes, ouvrant dans l'air leurs larges ailes,

Laissaient tomber sur nous un regard souriant;
Et mon âme reprit espoir en les voyant,
Et j'adorai, d'un cœur redevenu tranquille,
Le grand Dieu protecteur qui veillait sur la ville!

AUX POÈTES

La dignité humaine est déposée
entre vos mains : gardez-la.

Schiller aux artistes.

O vous qui parmi les vivants
　　Dressez si hautement la tête,
Dont l'âme rassemble les vents
Et peut soulever la tempête ;

Ravisseurs du rythme éternel,
Vous qui répandez l'harmonie,
Et nous versez comme le ciel
La clarté, la joie infinie ;

Vous que jadis on faisait Dieux,
Et dont les strophes cadencées
Font jaillir des pleurs de nos yeux
Ou des éclairs de nos pensées ;

Transmettant aux âges futurs
La gloire des vertus insignes,
Restez vaillants et restez purs,
Frères des aigles et des cygnes !

Dédaignant de votre hauteur
Tout ce que prise le vulgaire,
Sans reproche, soyez sans peur,
Comme des héros de naguère ;

Marchez toujours aux premiers rangs,
Et, si près de vous tout succombe,
Vous seuls du moins demeurez grands,
Fiers et dignes jusqu'à la tombe !

LE SPHINX

Il est auprès du Nil un sphinx de granit rose,
  Qui, depuis six mille ans immobile en sa pose,
Regarde à l'horizon les races se lever
Pour passer et mourir et ne rien achever.

Ses lèvres ont gardé leur sourire morose ;
Il a vu dans la mort s'écrouler toute chose,
Il sait que du néant rien ne se peut sauver,
Et par la nuit grandi, le sphinx semble rêver.

Des étoiles d'argent s'épanche une lumière
Impassible. La bête avec ses yeux de pierre
Contemple fixement les astres sans émoi :

Et j'ai cru sous leurs froids regards l'entendre dire :
« Astres qui, sachant tout, gardez votre sourire,
Êtes-vous donc aussi sans âme, ainsi que moi ? »

MOÏSE

Dans le désert, un soir, Moïse étant très vieux,
Seul, sur un haut rocher, se tenait soucieux
Et songeait, regardant au loin la plaine immense.
Le ciel rouge du soir s'emplissait de silence ;
Le soleil descendait, dans des brumes perdu,
Et tout le camp, aux pieds du prophète étendu,
Sous ses yeux lentement disparaissait dans l'ombre.
Au milieu, les troupeaux formaient un cercle sombre
Sur le sable, parmi des groupes de chameaux,
Et les hommes de garde auprès des animaux
Allumaient de grands feux et veillaient sur leurs bêtes.
— Or le vieillard, si fort que toutes les tempêtes
Demeuraient sans effet sur son âme d'airain,
Ce héros rude et fier, dont nul pouvoir humain
N'eût pu faire plier jamais le front sublime,
Moïse ce soir-là tremblait devant l'abîme
De l'infini, devant l'infini ténébreux,
Et lui, chef et pasteur et prêtre des Hébreux,
Il sentait succomber ses rêves grandioses
Sous le doute éternel qui sort du sein des choses.

Il contempla longtemps son camp qui s'endormait,
Et le ciel, où la lune ardente s'enflammait,
Puis, fermant ses grands yeux d'aigle, le vieux Moïse
Se dit : « Ils vont rentrer dans la terre promise,
Mais moi, qui dois mourir avant, où vais-je aller ?
— O maître dur, pourquoi crains-tu de révéler
Le secret qui se cache aux demeures funèbres ?
Pourquoi n'oses-tu pas éclairer ces ténèbres ?
Et, pareils aux troupeaux ignorants de leur sort,
Il nous faut donc toujours arriver à la mort
Sans avoir pu percer l'horreur de son mystère,
Ni comprendre pourquoi nous étions sur la terre ?
— Échappés au néant, nous rentrons dans la nuit.
Une heure, notre oreille aura perçu le bruit
Des choses; nous aurons, entr'ouvrant la paupière,
Contemplé l'océan profond de ta lumière ;
Nos regards auront vu les abîmes des cieux
Se dérouler avec leurs flots mystérieux,
Et, comme en un grand fleuve où se bercent des îles,
Se bercer dans l'éther les étoiles tranquilles,
Puis le mirage éteint, dans le tombeau béant
Ne connaîtrons-nous plus que les vers du néant ?
Oh! qu'est-elle, la Mort ? Et pourquoi, criminelle,
Sans pudeur, sans pitié, si souvent frappe-t-elle
Des enfants qu'ici-bas tu forçais de venir ?
Pourquoi sépares-tu ceux que tu viens d'unir ?
Par quel caprice un jour nous as-tu donné l'être ?
Quand rien n'était créé, qui demandait à naître ?
Si nous sommes tes fils, comment nous as-tu faits
Sans vertu ni vigueur, impuissants et mauvais ?

Quel orgueil gardes-tu, quand, contemplant la terre,
Tu la vois promener sa honte et sa misère
De ciel en ciel, sans fin, à travers tous les temps,
Et n'enfanter que pour créer des mécontents ?
Tu ne sens donc jamais se troubler tes pensées,
Quand pleurent à la fois tant de choses blessées ?
Quel besoin avais-tu des bêtes et de nous,
De lâches à tes pieds se courbant à genoux,
Ou, stupides, baisant des idoles de pierre,
Quand ta foudre éblouit leur débile paupière ?
— Cache-moi leur laideur ! Oh ! cache-moi ton mal !
L'homme n'est pas ton fils : l'homme est un animal
Né des autres, qui marche à travers la nature,
Comme eux tous, ne songeant qu'à trouver sa pâture,
Et le ventre content, qu'à se coucher en paix.
J'ai voulu l'éveiller de son sommeil épais :
Mais ces volontés-là resteront longtemps vaines,
Car le vieux sang toujours coulera dans ses veines,
Ce vieux sang de la bête au fond de l'être humain ;
Et tout cela pourtant est l'œuvre de ta main !
Oh ! je voudrais dresser mon front jusqu'aux étoiles,
M'élever jusqu'à toi, pour déchirer les voiles
Qui te couvrent, frapper à tes portes d'azur
Et, tête haute, entrant dans le palais obscur
Où tu vis, t'appeler, te forcer d'apparaître,
Et savoir à la fin, ô Roi, qui tu peux être ! »
— Et Moïse, disant ces mots, se releva.
Qui pourrait révéler ce qu'ensuite il rêva ?
Et le vieillard debout, rappelant la stature
Des animaux premiers de l'antique nature,

Apparaissait si grand alors sous le ciel bleu
Qu'il semblait de puissance à lutter avec Dieu.
— Cependant la nuit pâle enveloppait le monde
De ses fraîcheurs, la nuit versait sa paix profonde
Sur les êtres; la lune aimante dans les cieux
Brûlait, et le désert dormait silencieux.
Moïse le matin descendit dans la plaine,
Et, malgré les dégoûts dont son âme était pleine,
Il rendit tout le jour la justice aux Hébreux,
Il bénit les mourants, il toucha les lépreux,
Et prêcha la pitié pour la misère humaine;
Et Moïse mourut, après une semaine.

LA PITIÉ DU BOUDDHA

PRENDS un peu de repos dans la maison d'été
De mes seins, pleins de senteurs douces;
Mes cheveux te feront un tapis velouté,
Aussi frais que celui des mousses.

« Arrête-toi; ta joue est si pâle, tes yeux
Laissent voir que ton esprit souffre;
Pourquoi sans mouvement regardes-tu les cieux,
Comme effrayé devant leur gouffre? »

Le Bouddha répondit : « Femme, retire-toi;
Toutes les voluptés sont vaines,
Et rien n'existe plus de commun entre moi
Et les apparences humaines.

« La fraîcheur et la paix, elles sont dans la mort.
Vous, femmes, dont la beauté règne
Sur les mondes, il faut que le sage au cœur fort
Toujours vous évite et dédaigne;

« Car c'est votre beauté qui transmet le néant,
          C'est par son attrait que nous sommes,
Et c'est pitié qu'ainsi du désir d'un moment
          Naissent les misères des hommes ! »

Et, triste, le Bouddha poursuivit son chemin.
          Or, après de longues années,
Il revit, mendiante et qui tendait la main,
          La courtisane aux chairs fanées.

Il aborda, le cœur aimant comme toujours,
          Et les yeux bons, cet être immonde,
Et lui dit : « O ma sœur, où sont donc tes amours ?
          Comprends-tu le néant du monde ?

« Autrefois, je t'ai fuie, alors que la splendeur
          De ta forme attirait les âmes ;
Je reviens, aujourd'hui que l'on craint ta laideur
          A l'égal des choses infâmes.

« Et maintenant, ma sœur, sais-tu que tout est vain,
          Que toute forme n'est qu'un songe,
Et que le monde entier, comme le corps humain,
          N'est rien qu'un douloureux mensonge ?

« Mais puisque tu gémis désormais sans beauté,
          Viens prendre, ô toi que l'on repousse,
Un peu de paix, que t'offre en sa maison d'été
          Mon âme aux âmes toujours douce. »

———

LA MÉDITATION DU BOUDDHA

APRÈS le jour la nuit, et de nouveau l'aurore;
Ce monde naît, vieillit, meurt, et renaît encore...
J'ai longtemps médité sous les grands figuiers verts,
Et suis las d'avoir vu passer tant d'univers...
Il m'est donc apparu, le néant de ce monde!
Pourquoi s'agite-t-il, comme en la mer profonde
Ces vagues dont le flux et le reflux sont vains?...
J'ai vu le vide au fond de tous les noms divins,
Et c'est le vide aussi que je trouve en moi-même...
L'homme au ver conquérant livre tout ce qu'il aime :
Que reste-t-il, ô Mort, en tes éternités,
Des visions que nous nommons réalités?
Pourtant, bien qu'à jamais l'existence soit vaine,
Lorsque je songe, hélas! à cette foule humaine
Qui gémit et chancelle, et s'avance au hasard
En regardant la tombe avec cet œil hagard
Qu'ont les noyés, alors qu'ils roulent dans un gouffre,
Triste et pris de pitié devant ce qu'elle souffre,
Pour relever son âme et soulager un peu
Sa misère et sa mort, je voudrais être un Dieu,

Et l'aimer, la bercer de sublimes mensonges
Qui lui rendraient les grands espoirs et de beaux songes
— Or le Bouddha, très pur et très bon, fut un jour
Ce Dieu qu'il rêvait d'être en son immense amour !

TENTATION DU BOUDDHA

A propos d'un bal costumé d'enfants
donné devant la haute statue d'un
Bouddha.

Le grand Bouddha de bronze est perdu dans son rêve;
Il est assis l'œil fixe, et le sourire aimant,
Et de son doigt bénit, calme ineffablement,
L'Univers qui s'agite et qui gémit sans trêve.

Il a dit : « Toute forme est décevante et brève;
Fuyez donc le désir qui la crée et vous ment; »
— Or voici qu'à ses pieds, avec un bruit charmant,
Comme un vol fou d'oiseaux un tumulte s'élève.

Des enfants, tourbillons de roses et de lys,
Tels que ces Apsaras qui l'ont tenté jadis,
Tournent, dansent, lui font un appel adorable;

Et devant leurs yeux d'or, leurs rires triomphants,
Tendre, il paraît songer : « Il est le plus durable,
Bien qu'illusoire encor, l'amour pour les enfants. »

JOUR DES MORTS

La forêt ainsi qu'une mer
Gronde, roule, allonge ses vagues :
Que terrible est ce vent d'hiver
Avec ses hululements vagues !

Sont-ce des cris de trépassés,
Des tocsins de cloches d'alarmes ?
Ce vent fou nous a tout glacés :
Oh ! comme il pleut ! Sont-ce des larmes ?

Aujourd'hui c'est le Jour des Morts ;
Chacune des feuilles qui tombe
Éveille en nos cœurs un remords,
En nous rappelant une tombe.

Il eût fallu les aimer plus,
Ces aimés que trop tard on pleure
Quand les regrets sont superflus,
Quand on a laissé passer l'heure.

Oh! les survivants, aimons-nous!
Proche est la mort; la vie est brève;
C'est la leçon de ces vents fous :
— Cette pauvre vie est un rêve!

NOTRE-DAME LA MORT

Berceuse des cercueils, semblables à des lits,
Où se goûte un sommeil plein de profonds oublis,

Qui te glisses vers nous, et sans vaines paroles
Seule sais nous guérir à jamais et consoles,

Doux oreiller pour les forçats et les maudits,
Toi la bonne logeuse, après les noirs taudis,

Foi des justes vaincus, espoir du misérable,
Sois des tristes bénie, Aïeule vénérable !

Notre-Dame la Mort, au front ceint de pavots,
Qui mets fin aux douleurs et mets fin aux travaux,

Qui pourtant fais couler bien des larmes amères,
Effroi des triomphants, des amants et des mères,

Par toi dans l'univers tout se doit désunir :
Te faut-il exécrer, ou te faut-il bénir ?

Notre-Dame la Mort, par qui seule, assouvie,
L'âme ardente s'apaise au sortir de la vie,

Qui calmes toute haine et la sais désarmer,
Oh! te faut-il maudire ou te faut-il aimer?

Chagrins, remords, par toi tout s'efface et tout passe,
Halte sûre et tranquille, abri frais dans l'espace,

Toi qui survis à tout, funèbre Déité,
Es-tu l'unique et la durable Vérité?

Toi qui règnes au ciel, ainsi que sur la terre,
Le vrai néant est-il au fond de ton mystère?

Sombre sœur de l'Amour, oh! quel sens a ta loi?
Tu travailles pour lui, qui travaille pour toi!

Quand tu reprends ma chair froide, immobile et nue,
Par delà qu'y a-t-il qui suive ta venue?

Oh! cette pauvre chair qu'emporteront tes bras,
La prenant en pitié, ne la réveille pas!

Qui sait ce qui l'attend, s'il lui faut encor naître,
De sa place à venir dans l'océan de l'être?

Trop de hasard préside aux partages du sort,
Et plus sûr est ton lit, Notre-Dame la Mort!

PAROLES ÉVANGÉLIQUES

DEVANT toutes ces douleurs mornes,
Que notre pitié soit sans bornes!

Ces douleurs, pour les apaiser,
Mon âme, tu voudrais baiser

Bouche à bouche tous ceux qui pleurent,
Et tous les délaissés qui meurent.

Avec ta divine langueur,
O Jésus, je voudrais ton cœur,

Et pour tant d'êtres qu'on repousse
Faire aussi mon âme très douce.

Un Dieu bon n'existe-t-il pas,
Puisqu'il n'ouvre jamais les bras

Aux dolents, à tous ceux qu'affame
Cet éloignement de son âme?

Donc les 1 audits, les pauvres gens,
De pain et d'amour indigents,

Tous les tristes, les méchants même,
Aime-les, et fais qu'on les aime !

LE SAGE

Le vieux Viçvamitra dans les austérités
   Avait vécu cent ans, et le farouche ascète
Assombrissait parfois de regards irrités
Le ciel clair, où les Dieux anciens menaient leur fête.

Le peuple entier du ciel redoutait ce géant,
Car le vieillard pouvait d'une seule parole,
S'il les dédaignait trop, renvoyer au néant
Tous ces amants divins dont la terre était folle.

Il avait si longtemps, du fond de ses forêts,
Pesé la vanité du ciel et de la terre;
Il avait pénétré d'effroyables secrets :
Mais comme il était bon, il préférait les taire.

Il savait qu'eux aussi les Dieux devaient périr,
Que tous étaient encor plus vains que nous ne somme
Et qu'un mot suffirait pour faire évanouir
Ces fantômes créés par le songe des hommes.

Il était devenu très vieux; il dit un jour :
« Tous ces Dieux, mon dédain les a trop laissés vivre;
J'élargirai le cœur des hommes par l'amour;
Mais il est temps qu'enfin leur esprit s'en délivre! »

Alors il aperçut, sanglotante, étouffant,
S'affaissant sous le poids trop lourd de sa souffrance,
Une femme qui, près du cercueil d'un enfant,
Les yeux au ciel, cherchait sa dernière espérance.

— Et le vieillard pensa : « Le silence vaut mieux...
Quel mot consolerait cette âme qui succombe ? »
Et, n'osant pas encor faire écrouler les cieux,
Les deux doigts sur la bouche, il entra dans sa tombe.

VERS STOÏCIENS

STOÏCISME

RAPPELLE-TOI ce fier précepte des ancêtres :
Fais d'abord ton devoir, qui seul dépend de toi ;
Tranquille, pour le reste, obéis à la Loi
Qui régit sans amour tout le troupeau des êtres.

Garde ferme en ton cœur, pour la lutte ici-bas,
L'orgueil, dernier appui de cette race humaine ;
Fais ton devoir d'abord, et pur, quoi qu'il advienne,
Sois le héros qui tombe et ne déserte pas.

LA FIERTÉ DU NÉANT

En face du Destin, impassible victime,
Pur et libre, et gardant l'orgueil de ta vertu,
Tu peux mourir debout dans ta fierté sublime :
Fils du néant, néant, de quoi te plaindrais-tu ?

Sous le ciel infini, sentant, vague fantôme,
L'horrible poids sur toi de son éternité,
Demeure sans trembler, et fais du moins, atome,
Que ton écrasement ne soit pas mérité !

UNE NUIT DANS LES ALPES

C'ÉTAIT la nuit. Devant les neiges éternelles
    De grands monts étagés comme un cirque géant,
Je contemplais, chétif atome et vil néant,
Les astres clairs, pareils à de froides prunelles.

Au loin, et rappelant le Temps qui toujours fuit,
Au silence effrayant des espaces sans bornes
Répondait, seule voix de tous ces déserts mornes,
Le long tonnerre sourd d'un torrent dans la nuit !

En cercle autour de moi, sous la lune sereine,
Tous ces sommets hautains, ces pics blancs et glacés,
Me semblaient figurer les vieux siècles passés,
Immobiles devant la turbulence humaine.

Calmes, ils dominaient la foule des vivants ;
Contemporains et seuls témoins des premiers âges,
Depuis plusieurs mille ans, sous l'assaut des orages,
Ils planaient dans l'air froid, dans la neige et les vents.

Et devant ces titans, moi, l'atome éphémère,
Devant leur masse énorme, à leur stabilité
Je comparais mon être et sa fragilité,
Et les tourments sans but de cette vie amère.

J'avais l'orgueil d'aimer, de penser, de souffrir ;
Mais dans cet infini que pesait donc mon âme,
Étincelle d'un soir, trop misérable flamme,
Vacillante toujours et si près de mourir ?

Autour de moi planait l'horreur d'un vide immense.
Au ciel qui sur mon front roulait indifférent
Qu'importe notre esprit, qui pour nous seuls est grand ?
Que lui fait la raison de l'homme ou sa démence ?

Et je compris dès lors que, n'ayant nul pouvoir
Pour sauver du néant ma tête condamnée,
Mon seul orgueil devant cette âpre destinée
Était le mâle effort d'un combat sans espoir !

PRÈS DE LA MORT

Ne tremble pas, mon àme, au toucher de la mort;
  Sois comme un spectateur qui se lève et qui sort,
Avant même parfois que l'on baisse la toile,
Pour aller contempler le grand ciel qui s'étoile,
Et hors de ce banal théâtre et de son bruit,
Pour respirer enfin le silence et la nuit!

LA PITIÉ

Nous avons créé la bonté :
   C'est une fleur de l'âme humaine ;
La Nature n'avait doté
L'homme primitif que de haine.

Pour que le fort restât vainqueur
Dans l'âpre combat pour la vie,
Elle n'avait armé son cœur
Que de cruautés et d'envie.

Mais le bourreau souffrit un jour
Des souffrances de sa victime ;
Et dans cette âme sans amour
Rayonna la pitié sublime.

COSMOS

HOMME, un jour tu naquis bestial et farouche,
   Impur, sombre, mauvais : aime la pureté,
Fais couler le pardon et l'amour de ta bouche,
Aspire, libre et fort, à la sérénité.

Puisque, infime artisan d'un sublime prodige,
Tu créas l'art divin et la beauté des lois,
Ta noblesse présente à tout jamais t'oblige ;
Achève d'étouffer la bête d'autrefois.

Que les pouvoirs obscurs d'un monde élémentaire
Connaissent grâce à toi le rythme harmonieux ;
Et si, tous les Dieux morts, tu restes solitaire,
Garde au moins les vertus que tu prêtas aux Dieux !

SAINTETÉ

LES saints, les purs, avec leurs yeux pleins de lumière,
  Dont le rêve est divin et la force est entière,
Chastes, virils, très bons, répandant chaque jour
Comme un vase trop plein leur cœur rempli d'amour,
Sois jalouse, ô mon âme, eux seuls auront su vivre!
Qu'étaient ces voluptés dont tu te croyais ivre,
Toutes tes passions et leur vague langueur
Près des communions dont a brûlé leur cœur?...
Et quelle joie égale à ces sombres délices
Des martyrs éblouis qu'exaltaient les supplices,
Et de tous ces héros dont l'amour fut si fort
Que son rayonnement survécut à leur mort?

CRÉATIONS HUMAINES

ÉPHÉMÈRE, chétif, oh! que suis-je pour toi,
Infini monstrueux, éternelle Substance?
Sans borne est ta grandeur; que compte l'existence
De l'insecte rampant près du trône d'un Roi?

Mais devant l'injustice où se complaît ta loi,
Mon âme t'a jugé, puis t'a fait résistance;
Moi, le néant, j'ai vu le fond de ton essence,
Et compris que le mal n'habitait pas qu'en moi.

Tu peux donc mépriser notre poussière humaine;
J'ai du moins cet orgueil que mon âme est sans haine,
Et que notre néant a su créer un jour

Ce qu'il ne trouvait point en tes mornes abîmes,
Des vertus, des pitiés, des tendresses sublimes,
Et l'absolu du beau, du juste et de l'amour!

CALME DU SOIR

Des monts à coups de hache entaillés par le Temps,
  Des forêts de sapins escaladant leurs cimes,
Et, pareils à des murs bâtis par des Titans,
De hauts rochers à pic dominant les abîmes;

Un torrent qui roulait au fond d'un gouffre noir,
Long serpent se tordant parmi des blocs de marbres...
Le silence, le calme et la fraîcheur du soir
Descendaient sur le front auguste des grands arbres.

Une paix, une joie immense étaient en moi;
Éphémère témoin des choses éternelles,
O Nature, ô ma mère, une heure devant toi
Je regardais sans peur en tes vagues prunelles!

Étoiles du ciel bleu, beaux yeux passionnés,
Qui, ce soir-là, brûliez comme brûlait ma vie,
Rochers, arbres géants, ô mes frères aînés,
Je vous pus un moment contempler sans envie!

Je ne jouirai pas de ton éternité,
O Nature, et pourtant je te bénis encore,
Et, pour ce court instant d'orgueil illimité,
Mon cœur ivre d'amour te pardonne et t'adore.

Car je sentais ce cœur plus grand que tes forêts,
Plus aimant que ton ciel, et jurais que sans haine
Et sans terreur, le soir, Mère, où je périrais,
La paix de ma pensée égalerait la tienne !

Grande-Chartreuse.

VERS DORÉS

Des vers retentissants valent-ils le silence
  D'une âme qui remplit son devoir simplement
Et, pour autrui toujours pleine de vigilance,
Trouve sa récompense et sa joie en aimant ?

La splendeur de la forme est une corruptrice ;
Les ivresses du beau rarement nous font purs :
Recherche pour ton âme une autre inspiratrice
Que la Vénus aux yeux changeants, tendres ou durs.

Sois pur, le reste est vain ; et la beauté suprême,
Tu le sais maintenant, n'est pas celle des corps :
La statue idéale, elle dort en toi-même ;
L'œuvre d'art la plus haute est la vertu des forts.

Le saint est le très noble et le sublime artiste,
Alors que de sa fange il tire un être pur,
Et tire un être aimant d'une bête égoïste,
Comme un sculpteur un Dieu d'un lourd métal obscur.

L'humble héros qui lutte et qui se sacrifie,
S'offrant à la douleur, à la mort sans trembler,
Seul t'apprendra les fins augustes de la vie ;
Et c'est à celui-là qu'il te faut ressembler.

Des tristes, des souffrants, de tant d'âmes qui pleurent
Approche avec amour, et les viens relever :
C'est en luttant, souffrant, en mourant comme ils meurent
Qu'ils t'ont permis de vivre et permis de rêver !

Regarde-les parfois entr'ouvrant leurs yeux mornes
Sur cette vie étrange et terrible pour eux...
Que ta religion soit la pitié sans bornes !
Allège le fardeau de tous ces malheureux !

De ton âme l'ennui mortel faisait sa proie,
Étant le châtiment de l'incessant désir ;
Du fier renoncement de ton âme à la joie
Goûte la joie austère et le sombre plaisir.

Sache que les héros, les saints, tu les imites
En détruisant en toi l'égoïsme d'abord;
Meurs à toi-même, afin de vivre sans limites :
Toute âme pour grandir doit traverser la mort.

Connais du vrai héros la volupté profonde;
Pur de tous sentiments égoïstes et bas,
Sentant battre ton cœur avec le cœur du monde,
Habite un lieu divin où la mort n'atteint pas.

Quand à l'âme de tous ton âme est réunie,
Si bien que leur douleur est ta propre douleur,
Tu fais dès lors ta vie immortelle, infinie,
Et fais large ta joie en y mêlant la leur.

Oui, ta vie est sublime, est harmonique et pleine,
De cette heure où ton être étroitement confond
Sa destinée avec la destinée humaine,
Et rentre, goutte d'eau, dans l'Océan profond.

TABLE

.

TABLE

LA GLOIRE DU NÉANT

HEURES SOMBRES

TABLE 169

VERS STOÏCIENS

Achevé d'imprimer

le huit mars mil huit cent quatre-vingt-treize

PAR

ALPHONSE LEMERRE

25, RUE DES GRANDS-AUGUSTINS, 25

A PARIS

3. - 4. — 1581.

RÉD. :

18

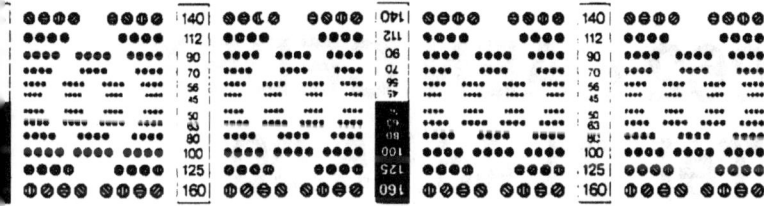

cm 0 1 2 3 4 5 6 7 8 9 10

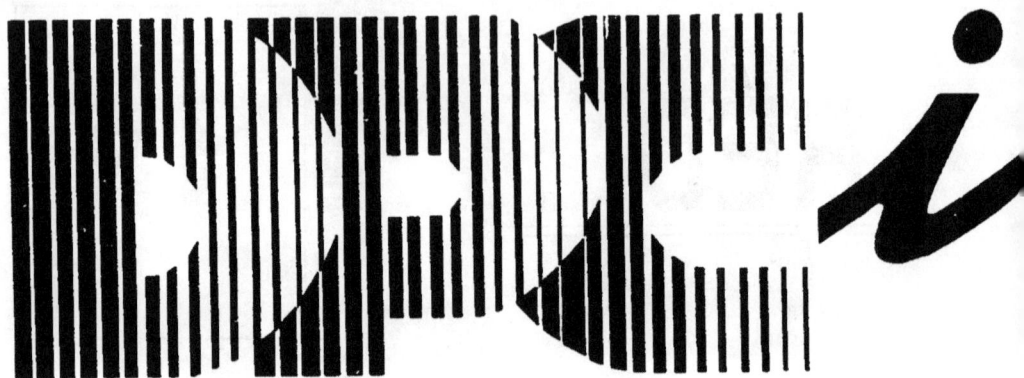

DPC *i*

15, rue Jean-Baptiste Colber

ZI Caen Nord - BP 6042

14062 CAEN CEDEX

Tél. 31.46.15.00

RCS Caen B 352491922

Film exécuté en 1992

www.ingramcontent.com/pod-product-compliance
Lightning Source LLC
Chambersburg PA
CBHW072059080426
42733CB00010B/2159

ORGUEIL

D'où sort chaque homme? D'un atome;
Et que devient-il? Un fantôme :
Et ce fantôme, que veut-il?
Ce néant, cet atome vil
Veut assiéger l'inaccessible,
Et pouvoir un jour l'impossible!